서열
중독

Obsession with hierarchy

서열중독
Obsession with hierarchy

ⓒ유승호 2015

초판 1쇄 발행 2015년 11월 12일

글 유승호

펴낸곳 도서출판 가쎄 [제 302-2005-00062호]
*gasse • 아카데미는 도서출판 가쎄의 임프린트입니다.

주소 서울 용산구 이촌로319 31-1105
전화 070. 7553. 1783 / 팩스 02. 749. 6911
인쇄 정민문화사
ISBN 987-89-93489-51-4
값 12,000 원

www.gasse.co.kr

Obsession with hierarchy

서열
중독

유승호 지음

gasse·아카데미

차례

—

들어가며,

—

2015년의 대한민국은 서열에 중독되었다. 모두가 당연하다 생각하니 굳이 단언의 필요성은 없다. 그러나 단언은 결말만이 아닌 환기의 기능도 있다. 단언은 일상이고 당연하고 그래서 고칠 가능성을 접은 이 시대의 미궁을 때리는 파동이다. 파동이 증폭되면 미궁에 금이 간다. 물론 미궁에서 빠져나온다 해도 또다시 미로겠지만, 빠져나올 구멍이 있다는 것은 희망의 증거이다. 단언은 거칠지만 악성을 연성(軟性)으로 바꾸는 신호일 수 있다.

갑을의 시대라고 한다. 땅콩이라는 흔한 사물에서 거대한 권력의 후광이 쉽게 드러나니 지금 시대는 그렇다고 할 수 있겠다. 그러나 갑을의 관계는 한 단면일 뿐이다. 갑에게 당한 을은 다시 병을 통해 갑이 된다. 맞은 을도 때릴 병을 가진 것이다. 덕분에 시대의 울화는 폭발하지 않고 잘 버텨낸다. 아파트 주민은 경비원을 무시하고, 경비원은 택배 기사를 무시하고, 택배 기사는 짜장면 배달부를 무시한다. 모두 무시당하지만 또 누군가를 무시할 수 있는 덕분에 모멸감은 때때로 위로받는다. 서열은 그렇게 시스템으로 작동하며 일상에 견고하게 자리 잡았다. 서열에서는 당하고 갚는 상대가 앞뒤로 촘촘히 있다. 그러나 문제는

병이 없는 맨 끝자락 을에서 곪는다. 끝의 을은 그 억압을 인내할 수밖에 없지만, 때때로 상처는 터진다. 앞줄에 아무나를 병으로 지목하여 묻지마 범죄를 저지르기도 한다. 서열 앞쪽에 선 사람들도 결코 편안할 수 없다. 안도와 불안은 교차된다. 서열의 작은 빈틈조차 내 자리를 허락하는 것이다. 절대 용납하기 싫지만 약점 없는 사람이 어디 있으랴. 완벽한 강점조차 시기와 질시의 대상이 되면 약점이 되지 않는가. 서열에 서는 순간 '사는 것'은 사라지고 '살아남는 것'만이 남는다.

살아남는 것이 목표인 사회에서 사는 것에 대한 이야기는 낯설다. 사는 이야기를 하려고 치면 어느새 살아남는 이야기로 귀결된다. 대학과 직업과 가정과 친구와 동네 이야기들은 수다에서 시작해 서열로 수렴된다. 어느 대학, 어떤 직업, 어떤 남편, 어떤 친구, 어떤 동네 이야기란 몇 등짜리 대학, 어떤 연봉의 직업, 어떤 등급의 남편, 어떤 레벨의 친구, 어떤 집값의 동네를 뜻한다. 개인의 삶에서 사는 순간들은 사라지고, 그 순간은 살아남는 것으로 대체된다. 그래서 서열은 규범 중에서도 악성규범이다. 모든 규범은 질서를 보장하지만 서열은 질서를 포박하는 규범이다.

조금이라도 빠져나오면 여지없는 충돌과 갈등, 무시와 모멸이 기다리고 있다. 어쩔 수 없이 사람들은 순순히 서열에 포박당하지만, 그렇게 갇힌 질서는 이제 사람들의 에너지를 빼앗고 무력한 순종자를 양산한다. 서열과 관련이 없다면 그 어떤 질문도 시간낭비이며, 풀지 못한 문제는 정력낭비이며, 들인 돈은 재정낭비이다.

개인의 삶은 일회적이다. 일회적이어서 모든 개인은 나름의 차별성을 갖는다. 한 번뿐인 삶은 그 한 번으로 인해 소중하다. 모든 삶은 다르며 그래서 모든 인간의 역사를 구성하는 요소이다. 그러나 살아남는 것이 사는 것을 소진시키게 되면 역사는 후퇴한다. 역사를 후퇴시킬 바에야 역사를 이쯤에서 끝내도 무방한 것 아닐까. 후쿠야마의 선언대로, 역사의 종말에 선 최후의 인간처럼. 그러나 아직 종말은 이르다. 견고했던 서열에도 틈새가 보이기 시작한다. 서열의 틈새를 비집고 우리 시대의 청년들이 동료 문화를 심기 시작했다. 앞쪽 서열들의 군림에 굴하지 않고 작게 그러나 당차게 시작하는 청년들이다. 서열에서 탈주하는 청춘의 굴기(崛起)이다.

얼마 전 우리 사회에서 잘나가는 몇몇 대학들이 자기 대학 학부 출신들이 아니면 아예 접속을 못하는 사이트를 만들어놓았다고 한다. 인터넷에서 그냥 떠도는 사이트들이겠지만 학벌을 위시하여 타인을 배제하고 차별한다는 소식을 들으니 갑갑함을 넘어 분노가 치민다. 벌레충이란 말까지 붙여 외집단에 쓴다고 한다. 서구의 인종차별적 언사들도 일반적으로 그 인종에 고유한 피부색이나 주로 먹는 음식 정도에 저속한 말을 붙여 만들지, 동물적 호칭을 붙이는 경우는 아주 드물다. 쓴다고 해봐야 돼지(pig) 정도의 말을 변형한다. 그런데 우리는 무슨 충, 무슨 충하며 벌레로 부르다니. 언어로만 보면 그 차별의 정도는 나치를 넘어선다. 신인종주의가 유구한 민족 한민족에 불어 닥친 것이다. 사회학자인 부르디외의 말을 빌리면 지식인종주의이다. 그런데 이제 서열과 차별은 협력의 파괴를 넘어 그 보루였던 경쟁력까지 갉아먹고 있다. 이것은 최고의 지적 능력을 가졌다는 최고학력의 소유자들이 버젓이 벌여 놓은 일이다. 어느덧 그들은 속물을 넘어 괴물이 되고 말았다.

우리 사회를 비판만 하자는 뜻은 아니다. 우리도 잘하는

게 많다. 한류의 확산부터 첨단 IT 개발까지 세계인이 본받고 싶어 하는 것들이 많다. 그러나 잘하는 것은 잘하는 것이고, 못하는 것은 못하는 것이다. 우리나라가 잘한다는 칭찬은 신문에서도 텔레비전에도 자주 한다. 굳이 스스로 골라 읽는 책에 외국인도 아닌 한민족 한국인이 그럴 필요는 없다. 카프카의 '책은 도끼다'에 전적으로 동의하면서, 그의 '불행의 시학'에 나오는 이 말을 인용하고자 한다. "나는 사람들은 누군가를 물어뜯고 찌르는, 그런 책들만을 읽어야 한다고 생각하네. 우리가 읽는 책이 우리를 주먹으로 머리를 쳐 일깨우지 않는다면 우리가 책을 무엇하러 읽는단 말인가."

―

Ⅰ. 현재

―

인간은 자유롭도록 저주받았다. 왜냐하면, 이것은
끝없이 채워져야 하기 때문이다. – 사르트르

1. 이칠일레짐

예전에는 '이대팔사회'라고 했다. 그러나 이대팔사회는 상위 이십 퍼센트에게 충분히 만족스럽지 않았다. 하위 팔십 퍼센트 중에 많은 이들이 이탈했기 때문이다. 그들은 상위 이십에 수긍하지도 않았고 때로는 서열 자체에 무관심했다. 서열 놀이에서 상위 이십에게만 보상을 주고 하위 팔십에게는 아무런 보상이 없었기 때문에 하위 팔십 중 많은 이들이 다른 게임으로 넘어가 버렸다. 아마도 서열 놀이의 반대인 공동체 놀이를 하는 곳으로 옮겨가지 않았을까. 이대팔사회에서는 상위 이십만이, 그리고 다음번 놀이에서는 상위 이십에 낄 가능성이 높은 상위 삼십이나 사십만이 서열 놀이에 열심히 참여할 것이다. 순위를 매긴 후 1, 2, 3등은 모두에게 환호를 받으며, 그 뒤의 번호들은 자기 순위를 확인하며 안도하거나 분노한다. 그러나 순위를 가리는 일은 등수가 뒤로 갈수록 재미없어지고 힘 빠지는 일이다. 점점 사람들은 서열 놀이에서 이탈하고 또 이탈한다. 1%, 5%가 지배하는 사회가 되었지만, 최상층부에 편입되려 애쓰는 '공격적 삶'을 살고자 하는 사람들은 기껏 잡아봐야 대략 상위 이십, 삼십 언저리에서 끝난다. 하위 칠십, 팔십, 구십은 희망을 접는다. 1등, 5등, 20등 하겠다는 의사조차 별로 없다. 주어진 조건에 만족하며 사는 '방어적 삶'의 사람들이다. 그들은 1%가 지배를 강요할 때 불복종하거나 가식적 복종을 하기도 한다.

그러나 상위 20%, 중위 70%, 하위 10%인 이칠일 상황이면 상황은 역전된다. 하위 10%의 효과는 차원이 다르다. 신자유주의 무한경쟁은 사실 2대8이 아닌 2.7.1로 완벽히 성공한다. 1, 2는 유지하기 위해 경쟁하며, 1, 2쪽에 가까운 3, 4, 5, 6은 2에 낄 수 있다는 환상으로 무한 질주하며, 10쪽에 더 가까운 7, 8, 9는 10으로 떨어지지 않으려 무한 노력한다. 10은 나락으로 떨어져 어딘가로 사라진다.

모든 것이 나의 노력 탓이라는 신조는 널리 퍼지고 서열 이탈자 없이 1부터 10까지 모두를 동조자로 만든다. 신자유주의의 대성공이다. 사실 그것은 인간심리를 아주 잘 파악한 과학적 관리scientific management의 결과이다. 인간은 이익보다는 손실에 더 민감하다. 이른바 손실혐오loss aversion 인데, 행동경제학에 의하면 그것은 이익보다 몇 배의 효과를 낼 뿐만 아니라 반복효과까지도 지닌다. 지난 기억들이 되살아나 현재의 행동을 제어하는 것이다. 절대 하위 십 퍼센트에 끼어서는 안 된다는 강박증이다. 돈이 없으면 늙어서 혼자 쓸쓸히 독방에서 죽어갈 것이며, 젊을 때조차 돈이 없으면 시나리오작가조차 굶어 죽지 않는가. 그런 일들은 반복적으로 회상되어 선택의 순간에 불쑥 끼어들며 모든 것을 결정한다.

이칠일은 그렇게 자기 조직적으로 작동한다. 이칠일의 하위 10%는 왕따 놀이에 알맞다. 수가 아주 소수여서 그들 스스로는 일어날 수 없다. 지쳐 넘어지고 있는 자에게 등 뒤에서 칼을 꽂는 형국이다. 다시 반항하지 못하는 '치명적 공격'이다. 지금 우리 시대도 그렇다. 사기업은 당연하고, 공기업을 '혁신'할 때도, 대학을 '개혁'할 때도 모두 이

방법을 쓴다. 평가의 속내는 숨기고 개혁이라는 이름으로 상위 20%와 하위 10%를 나눈다. 그리고 하위 10%는 퇴출당한다. 하위 10%는 부실공기업, 부실계열사, 부실대학이다. 이들 10%는 90%에 의해 조롱당하며 무대를 떠난다. 상위 20%는 환호하며, 중위 70%는 안도하며, 하위 10%는 환장한다. 그러나 환장해도 결과는 환멸뿐이다. 무경쟁력, 비경쟁력, 반경쟁력이란 라벨이 붙으면 퇴출당하여야 마땅한 자가 된다. 결국은 조용히 '모두' 승복하고 세상은 아무 일도 없었던 것처럼 예전으로 돌아간다. 이칠일 시스템은 그런 것이다. 불만이 여기저기 있어도 산발적일 뿐 그냥 내버려 두면 그 모두를 순종하게 하는 '마법의 장치'이다. 서열은 그렇게 서열에 배치되는 순간 서열의 위치와는 관련 없이 서열이 만들어 낸 가치에 수렴된다. 서열의 최하위자를 희생양으로 서열 그 자체는 90%의 압도적 정당성을 획득한다. 서열의 최상위자가 서열의 법칙을 옹호하며, 다음 서열자가 바로 앞 상위자의 가치를 옹호하며, 그 상위자를 따르다 보면 어느새 자신은 상위자와 닮는다. 그렇게 이칠일은 레짐regime이 되었다. 모든 사람이 따라야 하는 통치 원리이다.

무소불위의 막강한 '이칠일 시스템'이 발명된 것은 1981년이다. 그때를 필두로 세상은 자유주의 시대에서 신자유주의 시대로 넘어갔다. 무한경쟁이 나의 일상에, 평범한 나의 일상에 무차별로 투하된 것이다. 그것을 발명한 '무자비한 위인'은 '중성자탄 잭 웰치'다. 신자유주의의 상징은 레이건이나 대처일지 모르나 24시간의 우리 생활 속에 착근시킨 자는 잭 웰치이다. 무한경쟁 신봉자들에게는 현대 자본주의 역사를 통틀어 최고의 작품이라 할만하다.

잭 웰치는 그가 경영자로 일한 1981년부터 2001년까지 GE의 시장가치를 40배나 높여 놓았다. 잭 웰치는 미국기업 역사상 최고의 경영자로 불렸다. 그러나 그 원칙은 무자비했다. 직원들을 상중하로 나누고 상위 20%, 중간 70%, 하위 10%로 분류했다. 하위 10%에 해당하는 사람은 회사를 떠나야 했다. 반면 상위 20%에게는 상당한 혜택을 주었다. 상위 20%라는 평가를 받은 직원들에게는 중간계층보다 두 배 또는 세 배 이상의 급료를 주었다. 엄청난 스톡옵션과 승진의 기회도 부여했다. 웰치는 해마다 이러한 평가를 시행해 끊임없이 하위 10%를 가려내었다. 이러한 웰치의 전략은 직원들에게 확실한 자극을 줬고 직원들은 상위 20%가 되기 위해, 그리고 하위 10%에 들지 않기 위해 노력했다. 그러나 하위 10%에 든 사람들은 쏟아져 나왔고 5년간 11만 명 이상을 해고하는 철저한 감량경영을 했다. 언론으로부터는 '중성자탄 잭'이라는 잔인한 별명을 얻었다. '중성자탄 잭'은 건물만 남기고 사람은 모두 녹여버린다는 뜻이다.[1] 실로 무자비한 경영자다.

모든 괄목상대한 조직들은 이런 하위 10%, 상위 20%에 대한 해고와 보상으로 이룩되었다. 이제 웰치의 이런 '강제배분평가제도'(Forced Ranking System, 직원을 상중하로 평가해 하위 10%를 내보내는 방식)는 랭크앤양크Rank and Yank로 명명되었다. 미국계 회사 가운데 5곳 중 1곳이 이 제도를 채택하고 있다고 한다.[2] 중성자탄 잭은 무자비하게 투척되었다. 하위 10%에 들지 않으려는 공포감이 전 미국과 유럽까지 휩쓸었다. 그런데 다시 생각해보자. 그렇게 완벽한 2.7.1시스템에 이를 적극 수용하는 상위 20%의 관점에서는 어떤 허점이 없을까? 자신이 하위 20%쯤에 있으면 어떨까? 올해는 문제가 없더라도 하위 10%가 올해 해고되어 내년에는 그 자신이 하위 10%에 들지도 모른다. 해고를 피하려 더 열심히 하는 사람이 있을 것이고, 자신감을 잃고 무기력해져 짐 쌀

준비를 하는 사람도 있을 것이다. 그렇다면 자신감을 잃고 무기력한 사람들을 그 하위 10%에 넣어 이들을 잘 솎아낼 수 있다. 공포감이 전 조직에 엄습한다. 상위권에 들기 위해 모든 노력을 다한다. 그러나 문제는 추세다. 하위 10% 가 매년 해고되면서 자신의 위치도 상위보다는 하위 쪽으로 점점 더 하락한다는 것이다. 위로 당기는 애드벌룬은 없고 아래로 당기는 중력만이 남는다. 간단한 계산을 해보자. 처음에 상위 20%에 들었더라도, 하위 10%가 매년 나가면 몇 년 뒤에 자신은 하위 10%에 속하게 될까? 물론 새로 조직에 들어오는 사람들은 평균적으로 분포된다는 가정 하에서 산술을 해보자. 우리 반 10명 중에 현재 나는 2등이다. 맨 아래 10등은 올해 우리 반을 나간다. 한 명이 전학 온다. 1등부터 10등까지 중 한 명일 것이다. 평균으로 쳐서 5등이라고 하자. 나는 여전히 2등이다. 그런데 9등 하던 친구는 새로 전학 온 아이 때문에 10등이 된다. 5등 이하는 하나씩 등수가 떨어진다. 또 10은 나가고 새로운 학생이 전학 온다. 그 친구는 또 5등일까. 아니다. 1등일 수도 있고 7등일 수도 있다. 무작위로 잡는다면 5년쯤 뒤에 나는 2등에서 3등으로 물러날 확률이 높다. 그리고 그다음 다음 해에는 4등,

그다음 해에는 5등, 그다음 해에는 7등, 그다음 해에는 9등이 될 것이다. −자기보다 나은 사람이 들어올 확률을 수식으로 표현하면 2+(n−1)/11이 되겠지만− 조직에서 10년 정도 근무하면 상위권에 있던 사람도 어느샌가 중위권이 되고 곧 퇴출을 걱정하는 하향 순위권에 봉착한다. 이칠일레짐은 그런 것이다. 당신이 최상위권이든, 중위권이든, 하위권이든 사력을 다해 열심히 일해야만 한다. 공포감은 전염되는 것이지만 이칠일레짐은 공포감을 아예 생산한다.

이런 간단한 산술을 놓고도 자기는 해당 사항이 없는 줄 안다. 사실 사람은 자신의 실제 능력보다 자신을 스스로 더 낮게 평가하는 자기본위편향self-serving biased이 있다. "나만 아니면 돼!"라고 외치며 위안받는 것이 인간이다. 결정되기 전까지는 자기는 해당 사항이 없을 것으로 생각한다. 사람들은 아무리 능력이 처진다고 해도 대개의 사람보다 자기가 훨씬 더 많은 능력을 갖추고 있다고 생각한다. 개별과목 점수로 대략 자신의 종합평점 위치를 알 수 있는 경우에도 자기 점수는 실제보다 훨씬 높다고 생각한다. 이것은 인간의 본성적 경향이다. 이러한 경향이 발생되는 이유는 첫째, 능력의 차이는 절대적인 기준으로 재기 어려

우며, 둘째 자기의 능력은 바로 가까이에서 보지만 타인의 능력은 멀리서 보기 때문이다. 그러나 문제는 여기서 발생한다. 두 사람이 서로 비슷한 일을 하고 비슷한 결과를 냈을 때, 그 차이가 그리 크지 않을 때, 또는 그 차이가 크다고 하더라도, 그것에 서로 다른 보상이 발생하고 그 보상의 차이가 크면 클수록 공정하지 않고 정당하지 않다고 느끼게 된다. 중고등학교 때 키 순서대로 반에서 번호를 매겼던 시대가 있었다. 내 키는 176.4이고, 내 친구의 키는 176.5인데, 키 순서로 해서 내가 35번, 친구가 36번이면 기분이 나쁘다. 차이는 0.1일뿐인데, 숫자로도 1.0포인트 차이가 나고 그만큼 서열에서도 밀리기 때문이다. 그리고 키로 번호를 매기는 것은 나의 특정한 능력과 아무런 관련이 없다. 성적도 같다. 그 많은 문제 중에서 실수로 하나를 더 틀렸을 뿐인데 전체 등수가 하나 더 내려간다. 그와 나 사이의 0.1의 차이가 100배의 차이로 생산된다. 열 받는다. 인간의 본성은 그 차이를 그대로 받아들이지 못한다. 공정하지 않고 신뢰하지 않는다. 홉스의 이 말을 생각해보자. "자연은 인간이 육체적·정신적 능력의 측면에서 평등하도록 창조했다. 간혹 육체적 능력이 남보다 더 강한 사람도 있고, 정신적 능력이 남보다 뛰어난 경우도 있지만, 양쪽을 모두 합하여 평가한다면, 인간들 사이에 능력 차이는 거의 없다. 있다고 하더라도 다른 사람보다 더 많은 이익을 주장할 수 있을 만큼 크지는 않다. 왜냐하면 세력이 아무리 약한 사람이라 하더라도 음모를 꾸미거나, 혹은 같은 처지에 있는 약자들끼리 공모하면 아무리 강한 사람이라도 죽일 수 있기 때문이다."[3]

점수를 사람마다 매기는데 이게 종합점수면 문제는 더 커진다. 좀 더 정확히 말하면 종합점수로 합산 가능한 것이 문제다. 정신이 강한 사람이 있고, 육체가 강한 사람이 있다. 둘은 차원도 다르고 영역도 다르고 하는 일도 다르다. 정신에도 감정지능, 수학지능, 사회지능, 역경지능 등 무수히 많고, 육체에도 모든 스포츠 종목만큼이나 종류가 다양하다. 사실 무한대다. 스포츠 종목도 그렇고 정신능력도 그렇고 가꾸어 개발하면 할수록 새로운 영역이 생겨난다. 그러니 많은 것을 합산하여 종합평가한다는 것은 불가능할 뿐만 아니라 난센스다. 종합평가하려면 결국 몇 가지 종목을 선별해야 하는데, 그 종목을 선별할 때 사회적 압력과 요구가 작동한다. 그리고 서열의 축이 그런 압력을 작동시킨다. 계급의 시대는 어느덧 사라졌다. 계급은 집단들끼리 동질감을 느껴 단합했지만, 서열은 개별 개인과 그 개인이 속한 개별 집단들을 잘게 나누어 서로 경쟁하게 만든다. 작고 작은 집단이 끼리끼리 경쟁하면 질투의 감정은 질풍노도가 되어 인간이 지닌 협력 본능을 압도한다. 그러나 하위 10%를 모욕하고 서로를 모욕하던 사람들도 얼마 후 '산술평균'에 의해 소리 없이 사라진다. 우리는 사차원 인간을 욕하지만, 대부분의 인간은 자기 앞가림도 버거워하는 일차원적 인간이다.

이칠일레짐으로 유지되는 속물자본주의의 문제는 노력과 재능이 부족한 개개인에게 있는 것이 아니라 체제의 비합리화에 있다. 인간의 경제활동을 개인의 사적 분야로 돌리고 이러한 개개인의 경쟁이 시장이라는 보이지 않는 손, 자연의 힘에 의하여 종국에는 전체의 합리화가 이루어질 것이라고 믿는 것이 자유주의이다. 아담 스미스는 아무리 돈이 많은 부자라도 하루 세 끼를 먹을 수 있는 위의 크기만을 갖고 있으며, 아무리 많은 옷이 있더라도 하루 한 벌의 옷을 입을 수밖에 없기 때문에, 사익의 추구로 얻어진 거대한 부는 결국 세상으로 돌아가 공익의 역할을 할 것이라 보았다. 그런데 문제는 거대한 부를 가진 사람만이 아니고, 그 주변의 사람들이 자신도 거부가 되기를 상상하며 이들의 삶을 똑같이 쫓아 살려 애쓴다는 사실이다. 그렇게 되면서 각자의 역할에 충실하여 잘 돌아가는 시장이 아닌, 한쪽에만 쏠려 오도 가도 못하고 막힌 비상구의 문처럼 자기조절의 능력을 잃은 망가진 시장이 되고 만다. 이익만을 쫓는 기술 발달이 최상층에 거대한 부를 안겨주고 부자들이 모든 특권까지 거머쥐면서 시장의 자정 기능을 녹여버린 것이다. 개인의 재능과 노력이 주변으로 확산되면서 전체 사회의 번영을 보장해주는 것이 아닌, 주변을 빨아들이며 전체 사회를 경화시킨다.

지구인의 공유자산인 화석연료가 자동차기술로 사유화되면서 결국 기후변화라는 의도하지 않은 결과를 가져왔다. 인류의 역사는 의도한 것보다는 의도하지 않은 것이 끼친 결과가 훨씬 더 크다. 자본주의를 발생시킨 프로테스탄티즘도 애초에 자본주의를 발흥시키려 만들어진 교의는 아니었다. 마찬가지로 인간의 편익을 위한 기술도 기술제일

주의로 흐르면서 인류는 재앙과 존립을 걱정해야 할 처지다. 자동차의 속도를 높이는 기술은 재능과 노력의 산물이고 내가 속한 기업의 매출을 높여주지만, 그것은 전체 사회의 번영에 치명적 타격을 안긴다. 공기는 더욱 오염되고, 온난화 현상은 더욱 심각해진다. 개인도 그 사람의 기술이 탁월해서 그 천재만을 중심으로 조직이 짜여지면 전체 조직은 치명상을 입는다. 전체를 조율하는 새로운 방향으로 기술개발이 이루어지려면 개인의 노력과 재능에 일정한 규칙과 제한이 가해져야 한다. 3D 프린팅 개발이 총기를 만드는 것에 사용되어 서로를 죽일 가능성을 높인다면, 소형 전술핵폭탄을 만드는 기술이 누군가의 천재적 재능으로 누구나 쉽게 만들 수 있게 된다면, 지구의 운명은 불투명해진다. 환경파괴와 토양악화로 원시부족이 아예 사라진 이스터 섬처럼 말이다.

서열숭배가 문제인 것은 서열 자체에 대한 문제제기를 하기가 어렵다는 점이다. 그 줄에 선 순간 그 줄을 탓하면 자신은 그 줄에서 물러날 수밖에 없다. 누군가 만들어 놓은 서열을 일단 인정하고 줄에 서야 하며 일단 서게 되면 그 게임에 집중할 수밖에 없다. 서열이 요구하는 능력을 스스로

육성해야 한다. 사회는 그렇게 서열축이 원하는 한쪽 방향으로 틀 지워진다. 우리도 그렇게 지금 누군가 짜놓은 서열에 서서 열심히 살고 있다. 그러나 서열은 이제 순작용보다 부작용이 훨씬 더 커졌다. 사기업의 효율성 제고 시스템이 공적 영역까지 무차별적으로 침투한 연후이다. 보상과 처벌을 일직선으로 배열한 서열은 자살 세계 최고, 행복 세계 최저, 청소년 체격과 체력 저하라는 보건과 생존의 문제에 직면했다. 그 줄에 섰기 때문에 얻은 업보이다. 그렇다고 서열축을 문제시하는 순간 당신은 하위권으로 추락하거나 줄에서 튕겨 나가거나 여지없이 잘려나간다. 개인들의 추락은 다시 툴툴 털고 일어서면 되지만 경제전쟁, 무역전쟁, 문화전쟁 시대에 국가의 추락은 되돌리기 어렵다. 건재한 코끼리도 서 있을 때는 무적이지만 한번 넘어지면 사자들이 마구 달려드는 것처럼 말이다. 서열은 이제 의도하지 않은 결과를 양산하고 있다. 서열숭배주의자들도 뭔가 잘못되었다는 느낌은 토로하지만 임시변통 말고는 어쩔 수 없다는 생각이다. 서열이 생산성과 경쟁력에 주었던 좋은 결과를 잊을 수 없기 때문이다. 아인슈타인의 말인즉, "오로지 처벌이 겁나서 그리고 보상을 바라기 때문에 사람들이 선한 것이라면 우리는 정말 딱한 존재가 아닐 수 없다"고 했다. 한국의 서열숭배는 이제 악성이 되어 젊은 청년들과 청소년, 심지어 어린이까지 야생의 사지로 몰고 있다. 우리가 지금 딱 그런 딱한 존재이다.

2. 명품과 모방

서열에 크게 신경 쓰지 않는다는 사람들도 꽤 있지만, 그런 사람들조차 서열 민감증을 보유하고 있다는 증거를 신랄하게 보여주는 증거가 있다. 명품애호이다. 명품이야 '있으면 좋고 없으면 말고' 하는 식이지만 사실 우리만큼 명품에 집착하는 나라도 없다. 사실 명품 구매는 구매력이 있어야 하는 것이고, 그래서 있으면 사고 없으면 안 사면 된다고 생각하지만 그게 말처럼 그렇게 간단하지 않다. 그건 우리나라의 명품모조품 시장을 보면 특히 더 잘 보인다. 사람들은 왜 명품을 살까. 단연코 모든 설문조사에서 1위로 꼽히는 이유가 있다. 무시당하지 않기 위해서다. 명품을 사는 이유가 자기만족 때문이라는 것은 새빨간 거짓말이다. 자기 만족할 것은 사방에 널려 있다. 자기만족 때문이라면 명품모조품 시장이 그렇게 번성할 리가 없다. 가짜는 자신을 속이는 것이고 그러니 자기만족이 될 리가 없다. 그러나 우리나라의 명품모조품 시장은 대단하다. 일반인들을 조사하면 어느 정도가 명품모조품을 구매한 경험이 있을까. 20대에서 50대까지 성인남녀에게 질문했다. 사실 나는 많아야 20~30% 정도일 거로 생각했다. 뭐 모조품까지 살까. 돈 남으면 사고 없으면 그냥 다니면 되지. 그런데 조사결과는 예상을 훨씬 넘었다. 무려 72%의 성인남녀가 명품모조품을 구매한 경험이 있었다.[4] 10명 중 7명이, 평범한 보통사람들이 단지 '무시당하지 않기 위해' 명품을, 그리고 그 모조품을 산다. 처절한 현실이다. 명품이라고 말하는 것은 그 상품에 서열을 매기고 맨 앞 서열에 이름을 부여하는 작업이다. 상품들에 서열이 없다면 명품이란 말이 붙을 이유도 없다. 그래서 대개 명품이란 초고가의 가격이 붙은 최상위의 제품들이며 그 높은 가격 덕에 쉽게 인지된다. 그리고 언제나 최고가의 명품은 가장 높은 진열대에 홀로 전시되어 있다. 고개를 들어 경배하라!

서열은 '부의 신성화'로 수렴된다.

진품을 모조하는 행위는 사실 오랜 역사를 갖고 있다. 로마 공화정 말기에도 넉넉지 않은 귀족들이 진품의 가격이 너무 비싸 목수 등 장인들에게 값싼 재료로 비슷하게 만들어 달라고 부탁했다고 한다. 그래서 예술가와 장인도 서열이 생기기 시작했다. 진품과 모조품의 구별이 생기면서 예술가와 장인도 그 서열이 나뉘었다. 미켈란젤로가 조각가가 되려 했을 때 그 당시 기교로 간주되던 조각을 한다고 부모가 반대했던 것도 그 이유 때문이었다. 미켈란젤로는 그런 예술과 기술의 서열에 무관심했고 결국 '장인'으로서 세기의 작품을 건축물에 남겼다. 그러나 모두가 미켈란젤로가 될 수는 없었다. 그 이후 패널화에 그림을 그렸던 예술가들은 최상위의 서열을 지켰고 건물을 장식했던 장인들의 손기술은 몰락해갔다. 이제 명품인재, 명품학과, 명품코리아가 지상의 과제로 떠오르면서 모두 명품들 뒤에 줄을 조르륵, 일렬종대로 명품을 지향하게 되었다. 서열의 맨 앞이 명품이다. 서열은 선두를 경배하고 신성화한다.

명품의 신성함은 어떻게 깨질까. 19세기 영화나 사진이

등장했을 때 영화나 사진은 명품이나 진품과는 거리가 먼 예술 장르였다. 보들레르는 1859년 파리 살롱을 비평하면서 사진에 대해 "사진은 과학과 예술의 하인이라는 본연의 의무로 되돌아가야 한다."고 주장하면서 "문예를 창조하거나 대신할 수 없는 인쇄술이나 속기술과 같이 단순한 일만 하는 겸손한 하인으로 머물러야 한다."고 했다. 정신과 상상의 예술세계에는 사진을 비롯한 인쇄술과 속기술 같은 손기술이 들어올 수 없다는 것이다. 보들레르만이 아닌 앵그르, 플랑드랭, 앙리켈-뒤퐁 등 당대 유명한 미술가들도 사진의 예술 편입에 반대하는 탄원서에 서명했다. 사진은 영혼이 없는 기계이며 회화와 결코 비교될 수 없다는 것이다. 사진은 정신과 상상의 예술적 아우라가 없는데도 자칫 그냥 내버려두었다가는 판화예술을 대체할지도 모르기 때문에 그 경계를 명확히 쳐 놓아 예술에 얼씬도 못하게 한 것이다.

한마디로 영화와 사진은 진품이 없는 모조품을 만드는 기술이다. 똑같은 사진들이 여기저기 찍히고 똑같은 영화들이 여기저기 틀어지지 않는가. 진품이 없으므로 명품이 될 수 없고 그래서 예술의 서열상 한참 뒤, 그 끝자락에 자리했다. 영화는 명품 근처에는 발 딛지도 못할 '싸구려 대중들'이 값싸게 위로받으며 즐기는 장르였다. 그러나 영화는 명품과 다르다. 명품은 경배해야 하고, 경배하는 것은 저 멀리서 빛나며 잠시 현시하는 것이다. 절대 가까이할 수 없다. 그런 아우라를 영화는 단박에 무너트린다. 벤야민의 말처럼 모든 세밀한 것을 보여주고 또 보기 힘든 구석까지 제대로 보여준다. 쪼개면 아우라는 붕괴한다. 명품의 브랜드는 전체적인 것이지 부분적인 것은 아니다. 우러러보는 스타는 전체적인 것이지 부분적인 것은 아니다. 스타를 쪼개어 이마, 볼, 어깨, 무릎 등 부분을 보다 보면 그 스타와 스타의 아우라는 어느 사이엔가 사라진다. 화가의 그림이 풍경의 전체만을 보여준다면, 영화와 사진은 풍경의 세세한 부분까지, 그리고 편집을 통해 분해하고 결합하여 보이지 않던 부분까지 보이게 해준다. 영화와 사진은 쪼개서 보여줌으로써 현실 속에 살아 빅 브라더의 아우라를 드러내고 까발린다. 예술과 회화의 아우라가 몰락하면 개인은 스스로 계몽되고 깨치는 것이다. 가까이서 오랫동안 보면 모든 것은 친근해지고 편안해진다. 이제 영화와 사진은 범접할 수 없었던 아우라를 깨면서 새로운 예술 장르를 스스로 만들어 당당히 예술이 되었다. '낮은 서열에 있던 영화인들'이 그 낮은 서열에 무력하기는커녕 자신들의 개성을 발현함으로써 얻게 된 결과였다.

명품은 쪼개어도 없어지지만 반복해도 없어진다. 명품은 '일회적 현현'이므로 자주 보면 볼품이 사라지게 되어 있다. 모조품이 많은 명품이 최고의 명품이지만, 모조품이 많아질수록 명품의 가치는 떨어진다. 명품의 딜레마다. 모조품 없는 명품은 명품이 아니다. 추종세력이 없는데 어찌 명품이 되겠는가. 그러나 모조품은 다시 명품의 부메랑이다. 모조품이 많아질수록 사람들은 외면한다. 자꾸 반복해서 흔하게 거리에서 보인다면 명품은 더 이상 명품이 아니다. 그렇게 반복은 위세를 꺾는다. 명품을 사는 이유는 자신이 명품처럼 보이기 위한 차별전략인데, 여기저기 루이뷔통 브랜드를 들고 다니면 그 루이뷔통은 더 이상 루이뷔통이 아니다.

〈타짜〉의 김혜수가 명대사를 날렸다. "나 이대 나온 여자야!" 이 말은 2006년 유행어의 종결자였다. 한국 영화역사에서도 최고의 명대사 중 하나로 회자된다. 김혜수가 도박죄로 유치장에 갇히게 되자 경찰에게 내뱉은 말이다. 이때 서울대 나온 여자나 지방대 나온 여자로 대사를 바꿔 보면 어색하다. 이유가 무얼까. 그건 이대가 여자에게만 주는 명품 이미지 때문이다. 이 영화 개봉 이후 감독은 가슴을 졸였다고 한다. 이대에서 거센 항의가 몰아칠까 했는데 아무 일 없었다고 한다.

그런데 상황을 좀 바꾸어 이런 상상을 해 보자. 만약 김혜수가 자기 대사에서 시시때때로 '내가 이대 나온 여자'인 것을 강조했다면 어떻게 될까? 맛깔스런 대사 맛도 없어지고, 밥맛 쓴맛이 되고 만다. 영화 자체도 재미없어진다. 그랬다면 이대에서도 엄청난 항의가 있었을 것이다. 그러나 살짝 치고 넘어가면 그 맛이 일품이 된다. 일회적이면 멋져 보이는 거다. 그러나 반복되면 그저 그런 모조품이 되고 만다. 자꾸 반복하면 아우라도, 신성함도, 신비감도 모두 사라진다. 그래서 신성화의 회로가 잘 작동하려면 모두 그렇게 잘 모르는 곳에 은폐되어 있다가 잠시 살짝 나타나야 하는 것이다. 신성화의 회로가 복잡할수록 잘 눈에 띄지 않고 인지하기 어려워지며 그만큼 믿음의 효과도 커진다. 그 회로는 숨겨져 있을수록 더욱 큰 힘을 발휘한다.

그래서 명품의 아우라를 해체하고자 하면 반복하고 또 반복하면 된다. 권력은 반복되어 확산될수록 약해진다. 아우라에 빛나는 점쟁이를 보라. 그러나 점집의 실체를 알고 싶다면 연달아 서로 다른 일곱 군데의 점집을 가보라. 첫 번째 점집을 가면 너무 잘 맞추어 감탄한다. 두 번째 점집을 가 봐도 잘 맞추지만, 앞의 점집과 조금은 다르다. 세 번째 집을 가면 또 대략 맞추지만 앞의 두 점집과 약간 다르다. 네 번째 집을 가면 첫 번째 집 것과 유사하다. 다섯 번째 집을 가면 세 번째 집과 유사한 얘기를 한다. 여섯 번째 집을 가면 두 번째 집과 유사하다. 이제 대략 두세 가지 유형으로 정리가 된다. 일곱 번째 집을 가서 그 점쟁이가 말을 시작하면 이제 무슨 말을 할지 뻔히 안다. 점쟁이 말은 식당 메뉴처럼 비슷하다. 돈과 시간을 좀 투자하면 알게 되는 것이, 내게 정해진 미래란 없고 모든 것이 내가 하기 달렸다는 것이다. 자꾸 반복하다 보면 점쟁이의 아우라를 벗어나 스스로의 주체적인 자각에 도달한다.

앤디 워홀은 그걸 아주 잘 간파하고 있었던 것 같다. 스타를 좋아했지만 스타의 권위를 파괴하고 싶었던 앤디 워홀. 그는 마릴린, 재키, 리즈를 사랑했지만 자기 옆에서 그냥 평범한 사람이길 원했다. 워홀은 그런 스타들을 지겹게 반복함으로써 그들을 명품의 지위에서 격하시켰다. 그리고 자신은 그 그림으로 스타가 되었다. 워홀의 역설이다. 워홀은 자신이 갇힌 그 역설에서 벗어나기 위해 자화상을 반복 또 반복해서 그렸고, 스스로 자신을 기계로까지 격하시켰다. 팝아트는 아트의 명품을 거부하고 모든 것을 반복함으로써 경계를 극적으로 해체한다. 그리고 가치를 세상으로부터 인정받았다. 이제 가장 대중적인 팝아트는 세상에서 가장 비싼 그림이 되었다. 팝아트의 역설이다.

누군가 파괴를 유발하는 사람이 있고, 그 파괴의 광기가 그 사회의 우두머리라면 그 사회는 파괴된다. 왜냐하면 우두머리 아래에 있는 사람들은 그 우두머리를 모방하려는 것이 인간사회의 법칙이기 때문이다. 가장 많이 모방되는 것은 가까이 있는 것 중에서 가장 상위에 있는 것이다.[5] 사람들은 자기 아래라고 생각하는 사람보다 자기 위에 있는 사람을 따라 한다. 팬은 스타를 따라 하며, 학생은 교사를 따라 한다. 특히 자기 위에 있다고 생각하는 사람이 매력적이고 사랑할 만하다면 더욱 강하게 모방한다. 모방은 위에서 아래로 퍼져간다. 옛날 귀족이 '우아함의 황홀(지배권)'을 잃어버린 다음 또 다른 계층이 그 우아함의 황홀을 이어받는다. 민주주의는 도래하였지만, 여전히 계급제도는 존속된다. 예전에 멀리서 봤던 귀족들은 사라졌지만, 민주주의 시대에 모든 계급 간 거리는 줄어들었지만, 바로 그 줄어든 것 때문에 이제 명성과 영광을 가진 사람들을 쉽게 가까이서 볼 수 있다. 공무원들의 절대 수가 증가하였고, 계급 등급의 수도 증가하였다. 몰락한 귀족들도 공무원들과 자본가들로 그리고 그들의 댄스교사로 다시 위세를 갖추었다. 고위성직자, 왕족, 수도사, 귀족, 수도원, 성이 쓰러졌는데, 같은 수도의 울타리 안에 저널리스트, 금융자본가, 예술가, 정치인, 거대 상점들이 명성과 영광을 갖고 모여들었다. 민주주의가 되면서 계급 간의 경계가 낮아지고 그러면서 유명한 사람들은 대중들에 의해서 선출되기 시작한다. 누구나 명성과 영광을 가질 수 있는 가능성이 생긴 것이다. 래그투리치, 호세이호호그의 신화, 바닥에서 꼭대기로 치고 올라가는 신화들이, 그리고 상류층이 향유하던 명품과 사치의 신화가 대중들에게 퍼진 것도 20세기를 상징한다. 근대에 들어서서 서열은 어찌 보면 정당성을 획득했다. 이전까지 서열이란 귀족들의 타락과 성직자의 군림을 상징했다면, 그래서 겉으로 대항하지 못하고 속으로는 멸시하는 '무관심한 대상'이었다면, 근대 민주주의의 서열은 획득하고 환호받는 '열광의 대상'이 되었다. 상위자가 너무 멀리 떨어지면 아예 모방할 의욕이 꺾인다. 그러나 상위자가 가까이 있고, 나도 조금만 어찌하면 될 것 같은 느낌이 든다면 쉽게 수용하고 추종한다. 그래서 같은 서열이어도 촘촘해서 간격이 좁은 서열은 다이내믹한 움직임을 가져온다.

앞 서열이 가져오는 칭송, 선망, 모방은 그 시대의 성질을 나타낸다. 타르드의 〈모방의 법칙〉에 따르면, 원시시대에는 신체적인 재주와 힘, 용감함이었으며, 그 후에는 유창한 웅변술이었으며, 그 후에는 예술적인 상상력, 산업적인 재능, 과학적인 천재성이었다. 사람들이 모방하려고 하는 우월성이란 결국 그 시대의 사람들이 이해하고 공유하는 우월성일 뿐이다. 서열을 매긴다는 것은 그런 그 시대와 그 사회의 성질을 매기는 것이다. 아파트 로열층의 역사만 봐도 그 시대를 대변한다. 로열층은 애초 1960년대에 아파트가 처음 지어졌을 때 1층에서 5층까지의 저층만 분양되고 5층부터 10층까지의 고층은—최초의 아파트는 대부분 10층 미만이었다—미분양되자, 몇몇 투기꾼이 모여 저가에 이들을 모두 매수한 후 조망이 좋은 로열층이어서 분양이 밀려들고 있다고 광고했다. 매수 의향자가 오면 하나밖에 남지 않았다고 속이고 프리미엄을 붙여 비싸게 팔았다. 모방과 동조에 취약한 인간의 심리적 결함을 교묘히 파고들어 대성공한 것이다. 그 아파트를 산 사람들은 다시 더 많은 프리미엄을 붙여서 로열층을 파니 로열층은 아파트 역사에서 확고하게 자리 잡았었다. 그게 30년, 40년의 세월을 지속했다. 지금이야 로열층 개념이 따로 있지 않고, 일조, 소음, 조망, 방범 등에 따라, 그리고 각 세대의 특성에 따라 선호하는 층과 호가 따로 있지만, 아파트가 로열층에서 선호층 개념으로 대체되는 데는 그렇게 오랜 시간이 걸린 것이다. 인간 개개인의 합리적 사고란 사회적으로 강제된 비합리적 사고였음을 깨닫는 데는 온 국민의 시간이 필요했다.

3. 저출산, 유전적 자살

베테랑 영화가 한국을 휩쓸면서 유행했던 유머 아닌 유머
가 있다. 넌 커서 뭐가 되고 싶은가에 과학자나 대통령이
아니고 "재벌2세요"라고 말하는 것이다. 그런데 그냥 거기
서 끝나지 않고 토씨를 단다. "그런데요 저희 집에 문제가
있어요. 아빠가 노력을 안 해요." 광화문 식당에서 초등학
교 다니는 자녀와 어머니가 옆자리에서 하는 이야기도 이
런 얘기다. "친구들 사귀는 거 신경 쓸 거 없어. 시간만 뺏
겨. 공부만 열심히 해. 그러면 친구들은 따라와. 다들 알
아서 너한테 와서 친구 하자고 할 거야."
인간은 힘에의 의지를 가진 존재이다. 그래서 인간은 그

어떤 것보다도 권태로움을 참지 못한다. 아무것도 할 수 없는 늙고 병든 노인들조차 탑골공원에서 모여 장기를 두며 자주 고성을 높여 싸우는 이유도 남에게 나의 힘을 보여주고자 하는, 곧 권력을 행사하고자 함이다. 힘에의 의지는 타인을 지배하려는 욕망이다. 돈과 명예를 얻고자 하는 것도 타인으로부터 복종의 말과 태도를 얻고 싶기 때문이다. 그래서 불명예는 불복종이다. 명예가 없다는 것은 아무도 복종하지 않는다는 뜻이다. 힘에의 의지는 휴식이 없다. 물론 휴식이 없다는 것이 끊임없이 더 큰 강도의 환희만을 바란다는 것은 아니다. 어떤 왕들은 전쟁에서 이기면 또 다른 큰 전쟁을 일으켜 더 큰 환희를 바라겠지만, 어떤 왕은 전쟁에서 이기면 그다음에는 안락과 육체적 즐거움을 바라고, 어떤 왕은 기예나 정신의 능력이 뛰어났다고 칭송되는 아첨을 들으려 한다. 그러나 가장 강력한 환희와 힘에의 의지는 상상으로부터 나오는 게 아닐까. 그것은 어찌 보면 내가 죽은 후에도 내 권력이 이어지는, 사후의 명성에 대한 욕망이다. 사실 인간은 죽으면 다 끝이다. 그런데도 그런 허무한 죽음의 종말을 빤하게 알면서도 돈과 명예를 죽음 직전까지 추구하는 이유는 죽음 이후의 권력을 전제하기 때문이다. 죽음 이후에도 천국과 지옥, 윤회와 먼지를 상정하고 영원한 권력을 얻으려 한다. 사후까지 지속되고 싶은 힘에의 의지는 인간에게 가장 강력한 욕망이다. 그것은 사람들에게 명성과 그것에 의하여 자기 자손에게 주어지는 은혜를 예견함으로써 현재의 환희를 더욱 강하게 발현시킨다. 그들은 미래의 그것을 현재에서 보지 못하더라도 그것을 상상할 수 있다. 이것은 지금 즐거운 것을 자기 자손의 즐거움으로 확장시키는 상상력이다.

그래서 힘에의 의지는 지금의 작은 명예와 복종을 더 큰 명예와 복종으로 끊임없이 확장하려 한다. 가족과 혈맹집단들이 있다면 명예와 복종은 이어져 죽은 뒤에도 명성은 번성할 수 있다. 가족과 혈맹집단의 번성으로 선대와 후대가 공히 명성을 얻는다는 유교적 교리가 권력과 명성에의 과도한 집착을 잘 설명해준다. 설명이 잘 된다면 행동도 그만큼 쉽다. 유교적 친친 사상은 그냥 조선 시대부터 존속하여 머물다가 우연히 자본주의와 잘 맞아 떨어져 한국적 자본주의를 만들었다. 유교사상의 의도하지 않은 결과이다. 한국적 자본주의는 여느 국가와는 다르게 고도성장을 이끌었고 최고의 번성을 구가했다. 나와 가장 가까운 가족을 위해, 후손을 위해, 내 한 몸 부서져라 일했기 때문이다. 그리고 성공했다.

그러다 지금 시대 자본주의가 자신의 굴욕적 한계를 드러내고 있다. 자본주의가 어쩌다 스스로 만신창이가 되어 저성장과 마이너스 성장의 굴레에 빠지자 유교의 친친사상은 또다시 다른 방식으로 의도하지 않은 결과를 초래한다. 후손으로 번성하는 자신과 가문의 모습이 보이지 않는다면, 그래서 미래의 희망이 꺾인다면 그때 유교적 친친사상은 갑자기 악마로 변하고 만다. 이데올로기는 프로메테우스와 같다. 인간에게 친구이면, 제우스신에게는 적이다.

사실 한국의 역사에서 가족주의는 가장주의였다. 가족을 지키고 번성시켜야 한다는 것은 가계의 맥과 가문의 영화를 뜻했다. 조선의 왕이 내린 '불천위제(不遷位祭)'처럼 가장 중에 한 사람만 고위관직에 나가도 가족과 가문의 영광이었다. 그렇게 조선에서 근대까지 한국의 역사는 가장의 역사이자, 가장 지위상승의 역사였다. 조선 시대부터 20세기까지는 가장의 지위상승에 거침이 없었고, 그로 인해 가장은 집안에서 최고의 대접을 받았다. 대략 알려진 통계로는, 조선 시대 전 인구의 40%에서 출발한 노비는 조선

말 20%로 줄어든다. 양반 인구는 조선 초 5%에서 조선 말 70% 이상이 된다. 해방 이후 근대사는 가난에서 선진국으로 압축하여 성장한 괄목상대의 시기였다. 한국은 아시아 최고 성장률을 달리며 선진국에 진입한다. 그것의 중심에는 가장이 있었다. 어려운 시기 가장은 국가의 선봉대로 최고의 역할을 해낸다. 조선 시대에는 공명첩의 발행으로 왜군을 막아냈고, 70년대에는 중동의 사풍을 가르며 가난을 이겨냈다. 가장은 가족의 사수이자 꽃이었다.

그러나 '새로운 자본주의'는 더 이상 미래의 성장과 번영을 약속하지 않게 되었다. 그것이 자본주의 내부 모순 때문이건, 아니면 정책적 과오 때문이건, 세계는 자본주의 위기에서 빠져나오지 못하고 있으며, 저성장은 자본주의의 기조가 되었다. 그러자 한국의 가족도 변질된다. 따뜻한 가정과 강한 가장은 적대적이며 무기력하게 바뀌었다. 한국의 가족해체는 가히 기하급수적이다. 자살률만 아닌 이혼율도 OECD 회원국 중 1위이다. 자식이 필요 없다고 생각하는 사람이 1997년 26.0%에서 2012년 53.5%로 늘었다. 부모 부양을 가족책임으로 생각하는 사람들도 크게 줄었다. 반면 1인 세대는 크게 늘었다. 사람들은 이제 결혼을 하지 않으며, 결혼을 해도 아이를 낳지 않으며, 아이를 낳아도 그 아이는 부모를 부양하지 않는다.

출산과 자살 사이에는 강한 마이너스 관계가 있다. 대가족이 해체되면서 이기적 자살이 증가하며 출산에 대한 가족적이며 공동체적 도움도 줄어들기 때문이다.[6] 물론 다른 주장도 있다. 출산과 자살의 강한 마이너스 관계는 미국의 경우 강한 플러스 관계로 바뀐다.[7] 이는 미국의 의료보장과 사회안전망이 유럽의 선진국들과는 많이 달랐기 때문인데, 특히 일반적으로 유아 돌보기post-natal childcare가 양성에게 가장 많은 스트레스를 주고 있었으며 산후우울증(PPD; postpartum depression)도 장기간 지속되었다.[8] 일본도 유사하다. 야마무라의 연구에 의하면 일본의 경우 47개 현의 종단적 데이터를 활용하여 분석한 결과 여성의 출산과 자살 사이에 유의미한 양적 관계를 입증했다.[9] 출산으로 인한 스트레스와 경제적 압박감이 자살률을 높인 것이다. 반대로 출산율이 낮은 국가가 자살률이 상대적으로 높다는 결과도 있다.[10] 만혼으로 인한 저출산 연구도 있는데, 만혼의 이유는 취업과 직장 때문이었다.[11] 결국 출산과 관련한

대부분의 연구는 고용불안과 경제적 압박감, 시간 기근, 그에 따른 만혼화 경향에서 온다.[12] 멜더스가 다시 살아 돌아온 것이다.

그런데 다른 통계들도 있다. 스웨덴은 만혼인데도 아이를 많이 낳는다. 초산연령은 희한하게도 결혼연령보다 더 이르다. 결혼관계와 아이 낳기가 분리되었다. 이유는 혼외 출산에 대한 사회적 편견이 없고, 출산에 대한 제반 사회적 지원도 잘 갖추어져 있다. 핵심은 일 가정 균형work-life balance과 사회적 편견의 최소화, 그리고 고용안정이 '내 아이'를 갖게 만들었다는 것이다. 반면 우리는 결혼관계와 아이 낳기가 분리되지 않아 만혼과 저출산이 정확히 일치한다. 2015년 1월에 보건복지부는 우리나라 저출산의 이유가 만혼 때문이라고 선언했다. 그러나 그 선언은 의미 없는 동어반복이었다. 만혼의 시대에 저출산을 하는 이유를 찾아 다시 선언을 해야 한다. 만혼도 선택이며, 출산도 선택이다. 선택의 이유를 찾으면 간단하다.

자살은 개인의 극단적 선택이지만, 뒤르켐은 자살을 개인과 사회의 관계에 따라 이기적 자살과 이타적 자살로 구분

했다. 자살은 그것이 개인적인 선택이라는 생각만큼이나 사회적 압력에 의한 선택이기도 하기 때문이다. 자살을 결정하기란 모든 개인의 자유로운 선택 중 가장 어려운 결정이며 돌이킬 수 없다. 그런데 세계 1위가 된 한국인의 자살은 이기적인 것과 이타적인 것 그사이 어디엔가 있다. 한국인의 자살에서만 유독 나타나는 가족 동반 자살이 그것이다. 이타적 자살은 다른 사람을 살리기 위해, 공동체를 살리기 위해 자기가 희생하는 것이라면, 이기적 자살은 자신과 공동체에게 다가온 모든 고통을 자기 스스로만 거부하는 행위이다. 그런데 가족 동반 자살은 타인을 살리기 위한 것이 아니란 측면에서는 이기적 자살이지만, 공동체의 성원과 함께 죽는다는 측면에서, 즉 자신의 고통 없애기를 자신의 공동체 구성원에게까지 확대한다는 점에서 '이타적'이다. 이것은 사실 동감sympathy에 기원한다. 동감은 타인의 고통과 기쁨을 자신의 고통과 기쁨과 똑같이 받아들이는 것이다. 요즘 쓰는 공감이란 말도 유사하다. 타인을 사랑하며 그렇게 되면 그 타인이 느끼는 바를 나도 느끼게 된다는 공감이며, 그런 공감적 단서를 찾기 위한 많은 사회적 움직임이 그렇다. 그러나 아렌트도 말했듯이 사랑은 동감이며, 이런 사랑과 동감은 좋을 땐 아주 좋지만, 나쁠 땐 아주 나쁘다. 사랑은 지고의 행복이기도 하지만 파시스트적 폭력의 기반이 되기도 한다. 그래서 그런 차원에서 동감을 강조하는 것은 위험하다. 오히려 타인의 기쁨과 슬픔에 동조하고 반응하면서도 타인이 곧 내가 될 수 없는 사사로움, 즉 바라봄의 자세가 필요하다. 그것이 상호인정의 출발이다. 인정은 나와 남이 같을 수 없으며, 그러한 다름 위에 타인의 존재를 인정하기 때문에 나와 타인을 분리한다. 동감은 불가능한 것이다. 공감empathy이란 말은 동감과 구분해서 써야 한다. '상호 인정'한다는 것은 나와 같아서 동감하는 것이 아닌, 나와 달라서 인정해주는 것이다. 문제는 상동성이 아닌 차이성이다. 나와 같은 피부색, 고향, 학력, 습관, 계급을 찾아 '동감'을 느끼는 것을 넘어, 나와 다른 피부색, 고향, 학력, 습관, 계급에 '공감'을 느끼는 것에서 인정은 출발한다.

사실 이것은 가족 구성원에 대해서도 같다. 자신의 어려움을 자녀에게만은 결코 물려주기 싫어한다. 자연스러운 감정이다. 그러나 그것의 본질은 동감의 감정이다. 동감은 때로 소유의 감정으로 변형되어 퇴행한다. 그것은 오에 겐자부로

〈개인적인 경험〉의 아들과도 다르고, 카뮈 〈오해〉의 아들과도 다르다. 오에 겐자부로는 아들이 장애인으로 태어나자 아프리카 여행을 꿈꾸던 자신의 일상에 방해가 될까 막 태어난 아들이 죽었으면 하는 생각을 품는다. 자신의 행복과 만족을 위한 유아살해욕구filicide가 일어난 것이다. 카뮈의 〈오해〉에서는 돈을 벌고 금의환향한 아들을 돈 때문에 아들인 줄 모르고 망치로 죽인다. 자신의 욕망을 위해 자식을 살해했다. 그러나 우리나라의 경우는 유아살해를 수반한 동반자살이 빈번하다. 자기가 죽으면서 그 굴레를 자녀들에게 건네지 않겠다는 심정으로 자녀를 살해하고 자살하는 사람들. 유독 우리나라에 동반자살이 많은 이유는 무얼까. 우리의 부모들은 양극화와 가족해체의 아노미적 혼란 속에서 자녀들은 나와 다른 존재일 뿐이라는 의식을 획득하지 못했다. 전근대적 생각에 아직 갇혀있는 것이다. 그런 생각이 중상층에게는 자녀에 대한 과도한 애정과 투자로, 교육의 기회를 빼앗긴 중하층에게는 타인은 적이라는 불특정다수에 대한 분노로, 내 가족은 내 것이라는 과도한 동정으로 왜곡된 것이다.

우리가 무슨 일을 하건 가장 많이 그리고 가장 오랫동안

들어 온 말이 바로 자아실현일 것이다. 자아실현의 전제조건은 자아의 획득이다. 자아가 있어야 실현시킬 대상이 존재하기 때문이다. 그러나 가족주의적 전통이 강한 한국인에게 자아실현의 가능성은 자아의 독립성을 획득하기 어렵다는 것에서 그 난항이 예고된다. 가족주의가 지배하는 한국인에게 자아란 대체로 자아혼돈상태이다. 자아실현을 하려 해도 뭔지 몰라 하기 어려웠던 것은 내 책임이 아니었다. 그것은 개인의 자아가 독립적으로 분리되지 못하고 타인의 자아와 통합되는 현상 때문이었다.[13] 부모는 자녀를 독립적인 인격체가 아닌, 소유관념으로 보고 있다.[14] 자식은 내가 낳지만, 내 자식은 이 사회의 구성원으로 살아가는 것이 우선이지, 가장에게 종속되어 살아가는 것이 우선은 아니다. 뒤르켐은 근대사회의 가정은 일시적일 뿐이며, 영원한 것은 직업이라고 했다. 개인에게 직업은 사회집단과 그 속에서의 역할을 부여해준다. 직업은 개인 생애에서 가장 영속적인 것이며, 그것이 근대사회의 질서와 안정을 만드는 토대이다. 부모는 자녀를 염려하면서도 스스로 직업인의 길을 걸을 수 있게 거리를 둘 줄 알아야 한다. 대신 사회가 그 모든 지지체계를 만드는 데 일로매진해야 한다. 동감이 아닌, 공감의 토대 위에 가족도 사회도 지속 가능하다.

윤제균 감독의 〈국제시장〉에서 황정민은 말한다. 1950년 전쟁 이후 "이 어려운 시절에 내 자식이 아니고 내가 태어난 것을 다행으로 생각한다."고. 자식에게 고생 덜 시키고 내가 죽어라 일하는 것이 속 편하다는 것이다. 지금 2015년의 가족은 이렇게 말한다. "이 어려운 시기에 내가 자식을 낳지 않은 것을 다행으로 생각한다. 내 자식이 태어난다면 불행할 수밖에 없을 것이다. 내가 다 안고 살다 가겠다."라고. 불안과 무기력이 가져온 '유전적 자살'은 서로 인정하지 않고 오직 나의 기준에서, 즉 부르디외의 말대로 선두계급이 부여한 질서의 기준에 따라 살다 보니 '차이에 대한 인정 망각'으로, 그리고 자신과 가장 가까운 거리에 있는 가족 간의 불화로, 결국 출산파업으로 이어지고 있다. 2006년 데이빗 콜먼 옥스퍼드교수는 한국을 인구소멸 1호 국가로 지명했다. 그것이 충격요법이 아닌 자기 예언이 되어 1.3명의 출산율로 700년을 간다 치면, 한국은 지구상에서 사라진다고 한다. 700년은 어찌 보면 그리 길지 않다.

인간이 100살을 산다고 하면 7명의 일생이 연이어지나 도달하는 시간이다.

한민족의 유전적 자살 근저에는 고용불안, 임금불안, 교육불안이 있으며,[15] 그런 불안으로부터 아이들은 이미 수십 년을 뺑뺑이 돌려졌다. 이 땅의 '학부모'는 '자식을 삼키는 사투르누스'가 되었고 그렇게 당해왔던 아이들이 이제 부모세대가 되니 부모 되기를 거부하는 것이다. 수많은 젊은 커플들이 결혼파업, 출산파업으로 후손에 대한 미련을 버리고 있다. 또 다른 형태의 자살, 유전적 자살을 선택한다는 것은 어찌 보면 자신들은 사투르누스가 되기를 거부하는 것이다. 그러나 그런 '합리적 선택'의 결과는 무엇인가. 풍요로운 경제와 찬란한 문화가 펼쳐질 미래 한국에 한국인이 아무도 없다면, 한국의 모든 제도가 지향하는 합리적 사고는 도대체 무슨 의미가 있는가.

—

II. 과거

—

답답하거나 허전할 때는 여행이 묘약이다.

여행의 묘미는 이타노 칼미노가 적시했다.

"여행자는 자신이 갖지 못했고 앞으로도 가질 수 없는

수많은 것들을 발견함으로써 자기가 가지고 있는 것이

얼마 되지 않는다는 것을 인식하게 된다."

과거 여행도 그럴까. 내가 가보고 싶었던 여행지라면 그럴 지도.

유인원 시대부터 부족시대, 중세, 그리고 조선까지

4. 드 발의 착한 유인원

포유류들은 고통을 싫어한다. 타자와의 갈등도 고통이다. 그래서 모든 포유류는 가능한 한 갈등을 피하려고 노력한다. 또한 모든 포유류는 권력을 갖고 싶어 한다. 권력이란 타인에게 고통을 가할 수 있는 능력이다. 갈등을 피하면서 권력욕을 해소할 수 있는 방법이 있다면 모든 포유류는 그것을 선택할 것이다. 그런 선택 중의 하나가 서열이다. 서열은 포유류의 발명품이다. 그러면 누가 서열의 앞줄, 꼭대기에 서는가. 갈등을 피하면서 서열을 정할 수 있는 방법이 있다면 그게 최선일 것이다. 과시는 그런 면에서 우두머리가 되는 일반적인 방법 중의 하나이다. 물론 그런 과시를 불신하거나 수용할 수 없다면 갈등을 감수하며 싸움을 할 것이다. 그러나 대개는 싸움 없이 과시하는 행동으로 우두머리가 된다. 인간과 DNA의 98%를 공유하는 침팬지도 과시하는 행동이 알파 침팬지가 되는데 가장 중요하다. 자기가힘이 세다는 것을 대내외에 과시함으로써 우두머리가 된다. 과시 행동은 별게 아니다. 이상한 괴성을 내거나, 주변의 도구를 이용하여 굉음을 내면 다른 침팬지들이 두려움에 떨고 그게 먹히면 우두머리가 될 수 있다. 겁에 질린 침팬지들이 권력을 내주는 것이다. 침팬지가 우두머리가 되는 수단은 공포의 감염이다. 우두머리가 되면 음식과 성행위 등에서 우선권을 갖게 되고 다른 침팬지들의 일상에 개입할 수 있다. 심지어 사랑을 나누고 있는 침팬지들을 보고 시기나 질투가 나면 우두머리로서의 직권으로 중단시키기도 한다. 침팬지들은 제인 구달의 연구에서도 잘 드러났지만 권력을 쟁취하기 위해 목숨을 빼앗는 폭력적인 행위도 서슴지 않는다. 탄자니아 곰비 캠프에서 벌어진 침팬지들의 잔혹한 전쟁으로 침팬지는 잔혹한 영장류라는 악명까지 얻었다. 인간들은 이제 침팬지가 인간 진화의 선조라는 것에 넌더리를 내기 시작했다. 인간 안의 폭력성을 침팬지가 드러내니 인간에게 너무 불편하고 낯설었던 것이다. 도플갱어를 두려워하는 인간처럼.

그러나 드 발은 침팬지가 음식을 어떻게 서로 나누어 먹는가를 통해 침팬지 사회의 또 다른 특성을 알아냈다. 대체로 음식을 확보한 침팬지들은 이전에 자기에게 음식을 나누어주었던 상대방과 음식을 나누어 먹었다. 이런 음식의 일대일 호환을 통한 공유는 거의 모든 침팬지 사회의 규칙이었다. 침팬지가 털을 골라주는 그루밍을 한 후에도 그 대가로 음식을 공유할 수 있지만, 음식 그 자체를 주고받고 하는 호혜성 만큼은 아니었다. 이는 침팬지가 그루밍같은 감성적 접촉만이 아닌, 음식을 주고받는 이성적인 거래에도 아주 민감하다는 뜻이다. 특히 음식 나누기를 거부하고 혼자서 주로 먹었던 침팬지는 추후 다른 침팬지 집단에 의해 공격받을 가능성이 상당히 높아졌다. 이 때문에 침팬지들 사이의 갈등이 유발되고 결국 혼자 음식을 독점했던 침팬지는 몰락한다. 그래서 침팬지 사회에서의 우두머리는 과시하는 지위자이기도 하지만 또 대개는 가장 자비로운 침팬지 중의 하나가 우두머리가 된다.[16] 과시와 자비는 공존할 수 있다.

우두머리가 된 침팬지는 걷는 것부터 달라진다. 몸을 쫙 펴고 거들먹거리며 거만한 표정, 위에서 아래로 내려 보는 표정으로 걷는다. 모든 일상처럼 걷기에서도 자기를 최대한 과시하려는 것이다. 그렇지만 그런 과시는 의무감을 동반해야 효과를 지속할 수 있다. 때로는 다른 집단과의 싸움에 홀로 나서 일대일로 목숨을 걸고 결투를 행한다. 삼국지 게임의 '일기토'가 침팬지의 전쟁에서 벌어지는 것이다. 이렇듯 우두머리 침팬지라고 해서 언제나 자기 마음대로 할 수 있는 것은 아니다. 그런 의무를 수행하지 않고 빈틈을 보인다면 바로 다른 침팬지가 동맹을 결성하여 우두머리 침팬지를 전복시킨다. 다른 침팬지와 동맹한 후 우두머리가 된 침팬지는, 그렇다면 자신이 우두머리가 되도록 도와주었던 동료가 다른 수컷과 싸움을 벌일 때 어떤 행위를 할까. 오히려 알파 침팬지는 자신의 동조자였던 침팬지를 공격하고 자신의 경쟁자가 될 수 없는 약자를 돕는다. 또한 알파 침팬지는 우두머리가 되기 전까지는 과시하면서도 자비로웠지만 우두머리가 되면 많은 암컷을 차지하고 이인자를 공격하는 독재자의 행동을 보인다.[17] 이렇다면 우두머리가 되기 전까지의 음식 나누기와 자비로움

그리고 동맹은 우두머리가 되기 위한 수단이 아니었을까. 침팬지는 우두머리가 되어 자신의 영향력을 발휘하고 싶어 하는 본능을 지녔고, 그런 본능은 순화되어 여러 가지 수단을 통해 목적을 달성한다. 침팬지는 정치적 지능을 지닌 정치적 동물이었다. 이것은 드 발이 동물원의 침팬지 행동을 해석하는 방식에서 다시 확인된다.

"댄디는 다른 침팬지들이 모두 밖으로 나왔는데도 손을 놓고 실내에 앉아 있었다. 사육사는 댄디의 손에 바나나 두 개를 들려주었다. 그러자 댄디는 곧 밖으로 나왔다. 사육사는 다시 그렇게 하면 댄디를 밖으로 데려올 수 있을 것으로 생각하였다. 그러나 나는, 오히려 그 사육사가 바나나를 가지고 오도록 댄디 쪽에서 훈련시켰을 가능성이 더 크다고 본다."[18]

이렇듯 침팬지는 '정치적 동물'이다. 그러나 흥미 있는 것은 드 발이 새로 발견한 보노보 침팬지다. 아프리카 콩고민주공화국의 깊숙한 산림지대에 사는 보노보 침팬지는 기존 침팬지와는 달리 서로 평화롭게 잘 지내는, 침팬지 중에서 가장 평화로운 종이었다. 침팬지들이 가끔 벌이는 혈투와는 달리 이들 보노보는 평화를 계속 유지했다. 어떻게 그게 가능했을까. 드 발은 두 종의 차이점을 "침팬지는 성 문제를 권력으로 해결하는 반면 보노보는 권력 문제를 성으로 해결한다."고 간추렸다. 침팬지는 권력을 얻으려 우두머리가 되고, 그 권력은 음식과 암컷들을 독차지하기 위해 행사된다. 반면 보노보에게 성은 일종의 놀이 영역에 속한다. 놀면서 성적인 것을 충족할 수 있기 때문에 굳이 권력을 차지하려고 하지 않는다. 먹을거리도 서로 나눠 먹는다. 그러니 우두머리는 있지만, 우두머리가 되려는 혈투는 없다. 보노보에겐 독재자형 우두머리가 따로 있지 않다. 나이 든 암컷 보노보가 우두머리를 하면 된다. 보노보 암컷들끼리의 동맹은 유명하다. 어른 암컷들이 음식을 나누고 단합을 유도하며, 어미를 잃은 자식까지 어른 암컷들이 맡아 키운다. 흩어져 먹이를 찾아다닐 때 침팬지는 작은 무리로 나뉘어 무리별로 멀리까지 원정을 간다. 보노보는 다르다. 그들은 함께 다니면서 뒤처진 동료를 기다리고, 나무 위에 야간 둥지를 지으면서 무리를 불러 모으는 '집합나팔sunset calls'을 합창한다. 보노보는 정말로 동료를 사랑한다.[19) 우두머리가 있고 서열이 있어도 보노보 집단의 평화가 유지되는 이유는 모두가 함께 놀고 음식을 공유하고 위험에 공동 대처하면서 권력욕이 분산되기 때문이다. 보노보의 이러한 평화시스템은 암컷들 간의 친밀한 유대관계 위에서 작동된다. 하루 종일 놀기 좋아하는 보노보들이지만 때로는 놀면서도 그 놀이가 싸움으로 변질될 수도 있다. 그때 어른 암컷들이 이를 잘 조정하여 놀이를 놀이로 계속 이끈다. 놀이를 좋아하고 즐기고 그것이 일상이라는 것은 무엇을 의미하는가. 놀이에서 규칙은 공정해야 한다. 놀이에서 규칙이 서로에게 공정하지 않다면 그것은 놀이의 범주를 벗어난다. 엄마와 자식 고양이가 서로 깨물기 게임을 하려면 깨무는 강도는 같아야 한다. 똑같다는 것은 약자인 자식에게 맞춘다는 것이다. 약자에게 맞춰야 엄마와 자식 간의 놀이가 성립한다. 강자인 어미에게 맞추면 놀이는 성립하지 않는다. 엄마가 자식을 깨물어 죽일 수 있기 때문이다. 보노보 침팬지들은 그렇게 놀이를 통해 공정함을 몸에 익혔고 평화는 그렇게 찾아왔다.

"한번은 잎이 붙어 있는 나뭇가지를 놓고 두 새끼 침팬지가 싸우고 있었다. 그러자 젊은 암컷이 싸움을 중지시켰다. 그녀는 나뭇가지를 빼앗아 둘로 부러뜨리더니 둘에게 한 쪽씩 주었다. 그녀는 그저 싸움을 멈추게 하려고 했던 걸까, 아니면 분배에 관한 무언가를 이해했던 걸까. 서열 높은 수컷들은 문제가 되는 먹이를 빼앗지 않고도 싸움을 멈추게 했다. 보노보 판바니샤는 특혜받기를 꺼렸다. 실험 도중 판바니샤는 꽤 많은 양의 우유와 건포도를 받았다. 하지만 저 멀리서 자신을 바라보는 친구와 가족들의 부러운 시선을 느끼자 잠시 후 보상을 거부했다. 판바니샤는 실험자를 향해 다른 보노보들을 가리키는 몸짓을 했다. 그녀는 다른 보노보들도 보상의 일부를 받은 뒤에야 자기 몫을 먹었다. 유인원들은 앞일을 생각할 줄 안다. 다른 보노보들이 보는 앞에서 혼자만 실컷 먹었다면 실험 뒤 무리로 돌아갔을 때 거북한 결과가 그녀를 기다렸을 것이다." [20]

침팬지는 그 종에 따라 약간 다르기는 하지만, 대체로 인간이 가지는 모든 욕망과 도덕까지도 갖는다. 서열은 침팬지 세계 어디에나 있지만 그 서열은 권력에 따르는 의무와 책임, 공정과 호혜, 그리고 접촉과 공감에 따라 안정되기도

하고 뒤바뀌기도 한다. 서열이 주는 질서는 서열 그 자체보다는 서열의 담당자들이, 특히 최고 지위에 있는 우두머리들이 어떤 일을 하느냐에 따라 결정되었다. 높은 지위의 수컷들은 약자를 도와줌으로써 존중과 인기를 얻었다. 이렇듯 침팬지들은 언제든 서로 접촉했고, 과격한 싸움 이후에도 화해하려고 언제든 시도했다. 왕성한 서로 간의 상호작용으로 서열은 정적이기보다 동적으로 작동하고 있다.

"침팬지 사회에서 수컷과 암컷은 영구적인 유대관계를 맺지 않는다. 어떤 수컷이든 내 아버지일 가능성이 있다. 피니어스는 젊었을 때 우두머리 침팬지였으나 마흔 살쯤 되자 성질이 조금 부드러워졌다. 그는 어린 침팬지들과 어울려 놀았고, 암컷들과도 다정하게 지냈으며, 경찰처럼 행동했다. 사소한 싸움이라도 나면 달려가 털을 곤두세워 힘을 과시하면서 싸움을 막았다. 그는 양쪽의 고함 소리가 멈출 때까지 그 사이에 버티고 섰다. 이 '조정역할'은 야생 침팬지들 사이에서 종종 보고된다. 놀랍게도 이 역할을 수행하는 수컷은 특정한 편을 들지 않았다. 공격을 가한 게 심지어 자기와 가장 친한 친구라도 도리어 약자를 방어해준다.

일반적인 행동에서 많이 벗어나 있는 침팬지들의 불편부당성이 내게는 늘 수수께끼였다. 자신의 사회적 편향성을 초월하여 조정역할을 하는 수컷은 진심으로 무리 전체에 최선이 되는 것을 목표로 했다. 그런 중재자가 수컷을 주기적으로 다른 동물원으로 옮기는 정책으로 인해 떠나야 했다. 수컷 중재자가 사라지자 침팬지 사회는 균열을 일으켰다. 공격은 늘었고 화해는 감소했다. 그러다 그 수컷을 원래의 무리로 다시 돌려보내자 질서는 바로 회복되었다." 21)

드 발의 〈영장류의 화해〉에 의하면, 비좁은 실내에서 겨울을 지내다가 봄이 되어 넓은 야외 우리로 나온 침팬지들은 서로 뽀뽀하고 안아주고 토닥거리며 위로한다고 한다. 싸우고 난 뒤에도 갈등을 해소하고 화해하기 위해 손을 뻗고, 미소 짓고, 입 맞추고, 껴안는다. 침팬지는 화해의 달인이다. 반면 보노보는 큰 싸움이 없으니 화해도 없다. 침팬지처럼 화해의 기술이 없으니 보노보가 싸움에 조심스러울 수도 있고 남의 눈을 많이 의식할 수도 있을 것이다. 그러나 침팬지와 보노보 두 종 모두 갈등을 최대한 피하면서 질서를 유지하려고 하는 무리의 법칙을 따른다.

그것은 서열의 법칙이다. 그러나 오해하지 말아야 할 것은 서열의 법칙과 서열에 배치된 침팬지의 능력은 서로 분리된다는 점이다. 우리 속담에 '자리가 사람을 만든다'는 말이 있지만, 침팬지의 세계에서는 '침팬지가 자리를 만든다'는 말이 더 맞는 말이다. 자리를 차지한 침팬지여도 그 자리에 걸맞은 자질을 갖추지 못하면 가차 없이 처단된다. 늘 몇몇 놈들과 동맹을 맺어두어야 반란을 피할 수 있기 때문에 항상 자비로워야 하는 것은 필수이다. 물론 자질이 없다고 '처단'까지 하는 일은 인간세계라면 불한당들이나 하는 짓이지만, 알파 침팬지는 알파로 남기 위해 끊임없이 자신의 한계를 인식할 수 있어야 하며 또한 남다른 정치 기술도 지니고 있어야 한다. 그래야 자기 자리를 보존할 수 있다.

그래도 성향의 차이는 평균의 차이로 드러난다. 침팬지는 사납고 폭력적이며 보노보는 따뜻하고 평화롭다. 그래서 드 발은 보노보가 인간의 선조 유인원에 더 가깝다고 한다. 가깝기를 바라는 것일 수도 있다. 인간은 보노보를 발견한 뒤 보노보가 유인원이길 바라며, 침팬지를 유인원의 계보에서 한 단계 강등시켰다. 인간은 침팬지만큼 악하지 않고, 보노보 정도는 충분히 선하다고 생각하면서 그리했을 것이다. 그러나 과연 침팬지의 폭력성은 인간에게 그렇게 거북하고 낯선 것일까. 서열과 영역 다툼으로 상대의 목숨을 빼앗는 침팬지를 보고 인간은 침팬지의 그 잔인함에 고개를 돌린다. 그런데 인간은 스스로 상대의 목숨을 빼앗은 후 고개를 치켜세우며 그 이유를 설명한다. 셰익스피어의 〈줄리어스 시저〉에서 시저를 죽이고 광장에서 연설하는 브루투스의 변명처럼. "내가 시저를 사랑하지 않은 것이 아니라 로마를 더 사랑했기 때문입니다."

인간은 자기 행위를 정당화할 수 있고, 침팬지는 자기 행위를 정당화할 수 없다. 설명할 수 있다는 것이 상대의 목숨을 빼앗는 행위에 얼마나 큰 차이를 가져오는 것일까. 여기서 스티븐 핑커의 흥미로운 연구를 떠올려 본다. 기실 인간은 역사를 통틀어 보건데 평화롭지 않았다. 세상에서 가장 참혹한 전쟁은 제2차 세계대전이었다고 한다. 6년 동안 5,500만 명이 죽었다. 미국은 2차 대전에서 45만 명이 사망했다. 미국 사망자 수 1위 전쟁은 총 62만 명이 사망한 남북전쟁이다. 남북전쟁에서는 미국인 50명당 1명꼴로 목숨을 잃은 데 반해, 2차 대전에서는 300명당 1명꼴로 목숨을 잃었다. 그러나 인구수를 고려하여 상대적 손실의 크기를 재어 보면 세계 최악의 전쟁은 8세기 안사의 난이었다. 그다음은 몽골족의 세계 정복이었다. 안사의 난에서는 3,600만 명이 죽었지만, 지금의 인구수로 계산해보면 4억 2,900만 명이 사망한 전쟁이었다. 몽골족의 정복전쟁에서는 4,000만 명이 죽었지만 지금 인구수로 계산해보면 2억 7,800만 명이다. 사상 최악의 잔혹 행위는 지난 100년 사이에 2차 세계대전 단 한 차례뿐이었다. 역사적으로 보면 폭력은 시간과 함께 덜해졌지 더해지지 않았다는 것이 핑커의 결론이다. 인간이 행하는 폭력과 살육의 정당성은 난센스다. 인간은 진화해 왔고 지금도 진화하고 있다. 유인원이 침팬지에서 보노보로 진화했듯이.

피지는 관광지로 유명하다. 한국의 유명 가수와 탤런트들이 휴양 차 떠난다는 소식에 물까지 좋아져서 더 유명해졌다. 그곳에 가면 혀가 얼얼하게 마비되는 전통 음료 카바 Kava란 것이 있다. 관광객들이 꼭 한번은 마시는 전통 음료라고 한다. 마약 성분이 약간 섞여 있다는 풍문도 있다. 카바의식이란 것도 있는데, 여기에 슬픈 사연이 있다. 건장한 청년전사들이 코코넛 기름을 온몸에 바르고 얼굴은 검은 칠을 하며 몸은 나뭇잎으로 감아 가만히 앉아있다. 그러면 상석에 추장과 관광객이 앉는다. 전사들은 카바를 만들어 하늘 높이 쳐들고 첫 잔을 추장에게 바친다. 잔은 위계 순서에 따라 돌아간다. 잔을 원샷으로 비워야 하며 전사들은 "잔이 비었다"고 외치며 박수를 친다. 전통 의례가 끝나면 온갖 이야기를 나누며 손님들과 서로 친구가 된다. 원주민 사회는 이러한 카바의식을 통해 추장을 '살아 있는 조상신kalou bula'으로 숭배하며 추장에 대한 충성 맹세와 절대적 권위, 그리고 신령한 힘 즉 마나mana를 확인한다.[22] 그런데 어떻게 이러한 고유의례를 통해 추장에 대한 절대적 권위의 의식이 유지되었을까. 이는 의례를 준비하는 과정에서 각 소공동체들이 서로 간의 위세경쟁을 하는 데서 잘 드러나는데, 각 소부족들은 돼지와 소, 닭, 거북, 기름과 설탕, 옷감 등 생활용품이 서로 교환되는데 더 많이 부조하고 기부할수록 위세를 얻는다. 또 의례 뒤에는 함께 잔치를 벌이고 음식을 분배한다. 카바의식이란 게 겉보기에는 추장의 권위를 추켜세우는 듯하지만, 기실 그 뒤에는 친족공동체에 대한 상호 봉사와 의무가 진지하게 수행됨으로써 공동체를 유지하는 중요한 역할을 했다고 볼 수 있다. 물론 지금은 멀리서 신혼여행 온 신혼부부들에게 보여주는 카바의식이 더 많고, 포틀라치적 의식은 대부분 사라졌지만, 여전히 피지인들은 그런 의례를 통해 공동체에 봉사와 의무를 다하는 사람들에게 높은 위계를 부여하고 있다. 지금은 기독교의 전파로 목사와 교회교직자들이 카바의 앞 서열을 차지하기도 하며, 카바의식 때 추장 자리를 놓고, 또 두 번째 세 번째 잔, 즉 서열 순위 다툼으로 소부족 간에 큰 싸움이 벌어지기도 한다.

사실 이런 피지 섬의 슬픈 의례는 사회과학에서는 경제와 문화가 어떻게 서로 결합하는가 하는 매우 중요한 논쟁의 대상이기도 하다. 베버가 중세 이후에 근대에 와서야 사람들이 성과급제에 민감하게 반응하기 시작했고 그것의 시작은 프로테스탄티즘의 금욕이라고 주장했지만, 사실 다른 주장도 있다. 대표적인 것이 포틀라치인데, 인류학자인 모스에 따르면, 포틀라치의식을 서로 경쟁적으로 거행하는 부족들이 다른 부족들보다 생산성이 훨씬 높았다고 한다. 왜냐하면, 인상적인 포틀라치를 남기기 위해서 열심히 일해 재화를 모은 것이다. 사린Sahlins의 연구에서도 부족의 최상계급인 빅맨big-man은 재화의 교환에서 집합점 역할을 했다.[23] 빅맨들끼리의 경쟁도 있었는데 이때는 당연히 누가 더 많은 재화를 축적하고 분배하느냐와 관련이 있었다.

물질적 보상과 재화 때문에 열심히 일하게 된 것은 '근대의 습관'일 뿐이라는 주장은 잘못된 것이다. '경제적 동물'인 인간은 원래부터 보상에 민감하고 그 보상에 따라 행동한다. 그리고 물질적 보상은 사회적 인정과 친숙하다. 물질적 보상과 분배는 늘 주변 사람으로부터의 인정과 칭찬을 동반하기 때문이다. 수렵 시절 사냥의 성공은 가족과 부족에게 물질적 기부와 보상을 안겨주었고, 그로부터 인정과 칭찬을 얻는 것은 당연하다.

'원시 사회'와 '국가 있는 사회'를 구분하기 위해 구체적으로 살펴보아야 할 점이 권력의 문제이다. 전체로써, 분리된 권력 기관을 가지지 않은 원시 사회는 권력이 그 사회와 분리되어 있지 않다. 권력이 사회 내에 있기 때문에 원시 사회에서 유일하게 권력 기구라고 볼 수 있는 족장 제도 역시 권력을 가지지 못한다. 그곳의 족장들은 부족에 대해 어떤 권력도 없기 때문에 명령할 수도 없고, 누구에게 강제적으로 복종하지도 않는다. 그들이 독단적으로 내린 결정으로는 사회구성원들에게 의무를 맡길 수 없고, 모든 거래나 협상 역시 자신의 독단으로 실행할 수 없다.

따라서 족장이 사회에서 행하는 역할들은 권력행사가 아닌 하나의 봉사에 불과하다. 레비스트로스의 『슬픈 열대』에 등장하는 남비콰라 족의 사례가 이를 실증한다.

남비콰라 족의 족장은 세습되지 않는다. 족장이 연로해져 더 이상 임무를 수행할 수 없다고 판단되면 그 자신이 후계자를 지명한다. 그러나 후계자를 족장 마음대로 지명하는 것이 아니라, 먼저 공론을 살피고 구성원들이 가장 선호하는 사람을 지명한다. 집단의 의사 결정은 구성원들의 동의하에 이루어진다. 이 밖에도 남비콰라 족 족장의 통치 권력은 관대함과 솔선수범, 그리고 기타의 능력과 기술에 근거한다. 새 족장으로 지명된 사람이 완강하게 거부하는 일도 있다. 족장은 특권도 많지만, 책임과 의무가 컸기 때문이다. 생활이 극도로 궁핍해지는 건기 6~7개월 동안 족장은 집단 전체의 생활을 책임졌다. 한 예로 레비스트로스가 남비콰라 족과 함께 이동하다가 식량 문제가 발생한 경우가 있었다. 부족원들은 족장에게 불만을 터뜨렸다. 그러자 족장은 자기 아내들 가운데 한 명을 데리고 사라지더니, 저녁때 메뚜기를 가득 잡아와 일행의 굶주림을 해결했다.[24]

남비콰라 족의 언어로 족장을 '우일리칸데'라고 하는데 이 말의 의미는 '통일하는 사람', '결속시키는 사람'이라는 뜻이다. 우일리칸데라는 말의 의미가 전달하는 바와 같이 족장은 그의 후계자를 선정하는 문제뿐만 아니라 모든 일을 계획하고 결정하는 데 있어서 성원들의 동의를 이끌어내야 한다. 족장에게 불만이 있는 성원은 그 집단을 버리고 이웃에 있는 더 좋은 무리에 합류할 수도 있기 때문에, 족장은 어떠한 결정을 할 때든 모든 성원의 동의를 얻기 위해 노력한다. 동의에 근거하지 않은 일방적인 권력의 지배는 집단의 해체를 가져오고, 결과적으로는 족장과 그 가족의 고립을 자초할 수 있기 때문이다. 성원들의 동의를 이끌어 낼 수 있는 능력이 족장의 권력과 지위에 정당성을 부여하는 원천이 된다.

다음은 관대함이다. 족장은 구성원들의 요구나 필요를 가능한 한 들어 주는 관대함을 가지고 있다. 족장은 특권을 주장하는 것이 아니라 구성원들에게 베푸는 관대함을 보여 줌으로써 그의 위세와 지위를 인정받는다. 예를 들어서 외부에서(탐험가 등) 족장에게 준 도끼, 칼, 진주 등의 선물들이 며칠 뒤에는 주민들의 손에 넘어가고 심지어는 족장에게 할당된 물건까지도 주민들에게 넘어간다. 이와 같이 족장은 물질적인 면에서 특권을 부여받지도 않을 뿐만 아니라 독화살을 만드는 위험한 일은 솔선해서 자신이 하고, 노래와 춤도 잘 추어서 주민들의 단조로운 일상을 잊도록 해줄 만한 재능도 있어야 한다. 족장은 자기가 받은 것 그 이상으로 주는 사람이다. 이상과 같은 덕목들이 남비콰라 족 족장에게 위세와 권위를 부여해 주는 원천이다. 이것이 충족된다면 족장은 부족 전체를 책임지는 역할을 잘 수행하는 것이고, 그래서 실질적으로 자기 아내로 삼을 수 있는 모든 여자를 독점할 수 있다.

인류학자 클라스트르에 의하면, 부족사회는 잉여를 생산하지 않고 축적하지 않는 사회이다. 이러한 사실에서 혹자는 부족사회의 열등성을 보려고 하지만, 여기에는 지금 시대의 눈으로 부족사회를 보는 '자본주의적 편견'이 스며들어 있다. 그런 편견을 버리고 보면 부족사회의 족장이 오히려 원시 공동체의 구성원에 의해 착취당했다는 관점도 흥미롭다. 족장이 갖추어야 할 필수 덕목으로 '관대함'이 있는데, 이 '관대함'은 구성원들에게 자신의 물품을 나누어줄 수 있는 능력을 의미한다. 말하자면 '포틀라치'를 수행할 수 있는 능력이다. 물품을 나누어줘야 족장에게 위세가 생기므로 족장은 이 위세를 얻기 위해 자기가 직접 노동하거나 아내들과 친척들에게 노동을 시킨다. 그래서 부족사회란 다시 보면 사회 공동체 전체가 족장과 그 주위 사람들을 착취했다는 것이다. 왜냐하면, 족장이 되었다는 것은 사회에 대하여 책무를 지는 것이기 때문이다. 채권-채무 관계가 노동에 선행하는 것이다. 그리고 이러한 채권-채무 관계는 족장이 권력을 갖거나 행사하는 것을 불가능하게 만든다. 권력을 가지고 있는 것은 부족사회이고, 부족사회는 그 권력을 우두머리에 행사한다. 그 채무를 갖기 싫다면? 복잡할 것 없다. 그냥 족장의 자리에서 내려오면 된다.

그렇다면 족장들은 봉사활동에 불과한 족장의 일을 왜 하는가? 클라스트르는 '권력과 분리된 위세'를 제시한다. 우두머리는 강제할 수 있는 권력은 없지만 신뢰받을 수 있는 위세를 가지고 있으며 그로 인해 충분한 명예와 존경심을 얻을 수 있다. 이를 위해 우두머리는 기꺼이 그 일을 떠맡는 것이다. 우두머리 자리는 권력의 가정된 장소임에도 불구하고, 또한 유일하게 권력이 발생할 수 있는 자리이기도

하다. 그래서 족장이 된 특정 개인이 위세를 이용해 권력을 소유하고 행사하고자 시도할 수 있다. 때로는 폭력적으로 부족원을 압도하기도 한다. '족장'이라는 자리를 놓고 우두머리와 집단 간에는 미묘한 신경전이 계속된다. 집단(사회)은 강제권을 분리하여 권력을 약화시키는데 힘을 기울이지만, 이에 대응하여 우두머리는 그 사회를 위해 봉사하는 데 힘을 쓸 수도 있고 혹은 때때로 정반대로 자신의 위치를 특권화하는 데 힘을 쓸 수도 있다. 여기서 안정된 부족사회와 불안정한 부족사회의 차이가 생긴다. 어떤 사회가 안정을 찾는지 혹은 불안정해지는지는 관대함으로 얻은 위세를 어느 정도 적절히 권력화하는가에 달려있다.[25)]

부족사회는 서열사회이긴 하지만 더 위로 올라가야만 하는 '오름 서열climbing ranking'의 사회보다는 적정 지위에서 욕망이 제어되는 '고원 서열plateau ranking'의 사회라고 할 수 있다. 누구나 족장이 되어 화려한 옷과 장신구들, 음식들, 많은 아내를 거느리고 싶어한다. 그러나 족장이 되는 순간 자신의 책무도 다해야 한다. 누군가 족장이 되고 싶다면 족장이 되기 위한 노력을 기울여야 한다. 그러나 그 노력에 한계가 봉착한다면? 이렇게 생각할 수 있다. "족장이 되어봤자 고생만 하게 되지. 권력도 좋지만, 고생하기도 싫다." 이렇게 말이다. 족장이 되지 못해 억울해하는 마음보다 족장이 되지 못할 때 얻을 수 있는 위안이 더 많다는 뜻이다. 그렇게 자신의 한계에 대해 스스로 위로하고 정당하게 설명할 수 있는, 고원 서열이 많은 사회는 안정을 구가할 것이다. 반면, 족장이 모든 권력을 갖고 의무는 무시해도 괜찮다면? 그야말로 절대권력자의 세계이다. 그러면 모두가, 모든 사람이 그 자리를 원할 것이다. 오름 서열의 무한 경쟁이 철칙이 된다. 기득권자도 그 달콤함에 기득권을 절대로 내려놓지 않을 것이다. 이제 세상은 자리를 위해 끊임없이 경쟁하는 아수라의 세상으로, 열패자의 분노는 황하의 황사처럼 흩뿌려질 것이다.

기사가 되고 싶었던 돈키호테. 영주가 되고 싶었던 산초. 모두 각자의 희망과 역할이 있다. 역할을 수행함이란 그 역할에 부여된 의무와 책임을 수행하는 것이다. 희망은 그 역할을 제대로 하고 싶을 때 또는 뛰어넘고 싶을 때 더 커진다. 우리는 그 희망으로 때로는 열망에 들뜨고 때로는 낙담에 괴로워하고 때로는 굴욕을 이겨낸다. 그러나 희망은 이루어질 수도 있고 그렇지 않을 수도 있다. 희망의 소유와 희망의 실현은 다른 차원이다. 그 차원 사이에는 '이 정도면 되었다'라는 충족의 다리가 필요하다. 그래서 희망의 실현 꼭대기에는 재력과 쾌락의 물질적 감각적 보상보다 의무와 책임으로 얻는 공적인 명예가 올라가야 한다.

괴테의 이탈리아 여행기를 보다 보면 그가 한 작은 마을에 들렀을 때 농부들이 자기를 보고 이상한 외지인으로 생각해 곤란을 겪었던 대목이 나온다. 마을 사람들은 괴테를 보고 확인 불가능한 불순분자 외지인으로 간주한 후 영주를 불렀고, 영주는 괴테를 취조하며 이 마을에 해를 끼칠 사람인지 아닌지를 가려내었다. 이때 영주의 판결에 모든 사람이 따른다. 영주는 괴테가 독일의 믿을만한 가문의 사람임을 확인하고는 문제없는 사람임을 마을 주민들에게 공표해주었다. 그렇게 영주는 동네의 어른처럼 존경 받는 사람이었다. 그런데 괴테의 이탈리아 여행기를 읽으면서 놀랐던 것은 19세기 당시 영주를 언제든지 불러내어 이상한 외지인을 한번 살펴보라고 요청하는 주민들 때문이었다. 그 높으신 분을 어찌 감히 함부로 아무 때나 바로바로 불러내는가. 우리 동네 경비 호출하듯이 말이다.

호이징가의 〈중세의 가을〉에는 목동이 되고 싶었던 귀족의 시가 나온다. 모두 동경하던 귀족을 마다하고 목동이 되고자 한 귀족이 있었다니. 시가 만들어지고 읽혔다는 것은 자기 신분에 대한 한탄도 섞여 있으리라.

"빵은 맛있고, 아무도 내게 옷을 입혀줄 필요가 없네.
물은 맑고 깨끗해 마시고 싶어지고
난 폭군도 독도 두려워 않는다네."

그래도 당연히 왕으로 태어나고 싶고, 영주가 되고 싶어했다. 모든 우화와 동화가 그렇다. 벌거숭이 임금님부터 왕자와 거지까지 왕과 영주는 숭배와 선망의 대상이고 그것에서 모든 욕망은 출발한다. 그래도 조금 더 살펴볼 게 있다. 세르반테스의 돈키호테는 약간 다르다.

봉건제의 군신관계는 계약관계였다. 〈돈키호테〉에서도 섬의 영주를 시켜주겠다는 돈키호테의 말에 산초가 종자로 따라나서지 않는가. 그리고 책의 대부분은 기사 돈키호테와 종자 산초의 자유로운 대화들이다. 이 정도 얘기면 토론이라고 해도 좋다. 이상주의자 돈키호테와 현실주의자 산초를 말하지만, 기실 놀라운 것은 엄격한 신분제의 중세 시대인데도 소작농 출신 산초는 편력기사 돈키호테에게 언제나 '훈계'한다. 그러나 돈키호테와 산초의 대등한 대담은 새로운 것이 아니다. 19세기에 전해 내려오는 주인이 노예를 대하는 예법 책을 보면 존중의 예는 아랫사람에게도 행해야 하는 중요한 예법이었다.

"부드럽고 점잖게, 정중한 태도로 명령을 내릴 것. 침착한 목소리로 말하되 너무 친숙하거나 동정 어린 어조는 피할 것. 하인을 부를 때는 높은 음조를 사용하고 말끝이 처지지 않도록 하는 편이 좋다. 만나면 즐거워지는 최상의 품격을 갖춘 사람은 늘 부드럽지만 큰 소리로 하인을 불러 '이렇게 저렇게 해주면 고맙겠네'라든가 '자네가 좋다면 그렇게 해주게'라고 말한다. 명령 이행을 친절로 여긴다는 뜻은 어휘로써, 명령이 당연히 이행되어야 한다는 뜻은 어조로써 전하는 것이 완벽한 예절이다." [26)]

돈키호테는 어설픈 기사가 아닌 '제대로 된 기사'가 되려 했고 모든 사람의 존경을 받는 기사가 되기 위해 작위를 받고자 했다. 결국 그는 기사 작위를 받는다. 성주라고 착각한 객줏집 주인장의 작위였다. 그러나 어설픈 작위였어도 그 '객줏집 성채'에서 사랑의 레이디 둘시네아를 모욕한 노새몰이꾼과 싸움을 하여 첫 번째 기사도를 세운다. 그리고 주인에게 일한 품삯을 요구했다가 뻔뻔스럽다는 이유로 나무에 묶여 있던 한 아이를 풀어주며 두 번째 기사도를 세운다. 그러나 돈키호테의 모험은 실패하고 미몽에서 깨어나지만, 돈키호테의 종자, 그러나 속에 있는 얘기를 다 하는 소작농 산초 판사는 마침내 섬의 영주가 된다. 산초는 돈키호테와의 대화에서 들었던 모든 충고를 실행한다. 그것은 〈위대한 통치자 산초 판사의 법령〉이라 불렸다. 그 법령은 이런 것이다. 중간도매상을 없애라. 산지가 어디인지 알아 상품의 품질과 평판에 따라 가격을 매겨라. 포도주에 물을 섞거나 상표를 바꾸는 자는 그 죄로 사형에 처하라. 그리고 어떠한 장님도 진짜로 눈이 보이지 않는다는 확실한 증거를 제시하지 않는 한 노래를 부를 때 가사에 기적과 관련된 내용을 넣어서는 안 되도록 했다. 장님들이 노래하는 기적 대부분이 가짜로, 진짜 기적에 해를 끼친다고 생각했기 때문이다. 가난뱅이들에게는 이들을 담당하는 관리를 두었으니, 이들을 추적하기 위해서가 아니라 정말로 가난한지를 조사시키기 위해서였다. 왜냐하면, 도둑이나 술주정뱅이들이 손이나 팔이 없는 것으로 위장하거나 허위로 종양에 걸린 것처럼 하고 가난뱅이 행색을 하기 때문이다.

산초 판사는 그런 법령을 내리고 '오랜 열흘' 간의 통치 후 섬을 떠난다. '배불뚝이 판사panza'가 '배고픈 영주'의 일을 마치고 떠났다. 세르반테스는 말한다. "보통은 다 한 몫들 챙겨 떠나는 영주인데, 산초는 예전의 가난한 소작농이었을 때처럼 그렇게 빈털터리로 떠났다"고. 지극히 현실적이고 이해 타산적이었던 산초는 돈키호테의 유훈대로 통치한 후 존경받는 솔로몬이 되었다. 돈키호테가 강조했던 '통치에는 지식이 필요한 것이 아니라 의도가 중요하다'는 사실을 일깨우면서. 잘난 척하려고 아무 때나 맥락에 닿지 않게 격언들을 쓰다가 돈키호테에게 숱한 충고를 들었던 산초였다. 그러나 산초 판사는 돈키호테라는 주인의 자리를 자기가 차지하려 한 적도 없고 주인과 경쟁하려 한 적도 없다. 산초는 자신의 염원이었던 영주의 일을 스스로 마치기로 마음먹고 가장 친한 동지 당나귀 '잿빛'에게 다가가 이렇게 속삭인다.[27]

"너와 마음을 나누고 마구를 손질하고 네 작은 몸통이나 먹여 살릴 일 이외에는 다른 생각일랑 하지 않으면서 보낸 나의 시간들과 나의 나날들과 나의 해들은 행복했었지. 하지만 너를 내버려두고 야망과 오만의 탑 위에 오르고 난 이후부터는 내 속으로 수천 가지 비참함과 수천 가지 노고와 수천 가지 불안이 들어오더구나."

의무와 책임의 자리는 막중하다. 수천의 노고와 불안으로 산초 판사는 '솔로몬'이 되었을 것이다. 통치의 열흘이란 그의 인생에서 가장 오랜 시간이었다. 돈키호테는 결투에서 지고 고향에 돌아가 쓸쓸히 죽음을 맞이했지만, 무식한 현실주의자의 열흘 통치에서 다시 부활했다. 그의 사상이 산초 판사를 통해 섬에 퍼졌기 때문이다. 카프카의 상상처럼, 돈키호테와 산초는 정반대의 인물이었지만 그들은 같은 인물이었는지도 모른다. 기사 돈키호테는 종자 산초 판사의 분신이었을 수도. 돈키호테는 온갖 미친 짓을 하며 모멸적 힐난을 수없이 겪었지만, 산초는 자기 손에 피 한 방울 묻히지 않고 즐거운 모험만 수없이 겪었으니까. 또한 돈키호테에서 진정한 꿈을 실현한 사람은 산초인지 모른다.

산초는 제정신으로 훌륭한 영주가 되어 보았다. 산초는 이름만 산초였을 뿐, 사실 돈키호테의 목적태였다.

돈키호테는 산초와 돈키호테의 합작품이다. 돈키호테는 모든 것을 제대로 보지 못한 이상주의자이며, 산초는 모든 것을 제대로 본 현실주의자였다. 그러나 산초는 돈키호테를 따라 그의 이상을 현실화시켰다. 돈키호테가 자신의 미몽에 붙인 그 모든 언어를 실현시켰다. 꿈꾸기란 곧 새로운 이름을 부여하는 것이다. 이름은 언어이고 언어는 우리의 사고와 행동을 지배한다. 어찌 보면 돈키호테는 '개념기사'다. 모든 사람과 사물에 새로운 언어로 신개념을 만들어 붙였다. 풍차를 거인으로, 객주를 성채로, 주인장을 영주로, 그리고 알돈자를 둘시네아로 바꿔 부른다.

"그대의 이름은 무엇입니까"
"알돈자"
"그것은 천한 여종의 이름 아니면 몸종의 이름"
"둘시네아~"

맨 오브 라만차의 돈키호테는 천한 매춘부 알돈자를 돈키호테의 고귀한 숙녀 둘시네야로 이름 붙이며 끝끝내 고귀한 여인으로 만든다. 인상파 화가 마네가 매춘부 올랭피아를 그릴 때도 똑같지 않았을까. 화폭에는 비너스 같은 여신과 선녀들의 누드만이 가능했을 때, 마네는 올랭피아를 그려 19세기 프랑스 미술계를 발칵 뒤집었다. 비너스와 똑같은 그림에 작품 이름만 비너스에서 올랭피아로 바꿔 단 것뿐인데 세상이 발칵 뒤집히니 말이다. 그 당시 한 평론가는 '올랭피아가 고양이 이름이었어?' 라는 말까지 신문에 낼 정도로 올랭피아라는 이름 그 자체는 살롱의 화폭에 담길 수 없었다. 금도를 넘은 것이다. 그러나 마네를 이어받은 세잔과 피카소, 그리고 많은 예술가들이 올랭피아를 이어받아 올랭피아란 이름을 화폭에 담았다. 그 뒤 올랭피아는 그냥 올랭피아로 받아들여졌다. 매춘부는 모든 역사를 통틀어 사회의 최하층이었다. 그 최하층의 모습을 고결한 귀족들의 잡담세계에 오르내리게 하는 것이 예술가들의 임무였다. 그들의 작품은 뒤틀린 금기를 다시 뒤틀어 결국 아무것도 아니게 만드는 작전이다.

그러나 세상은 예술가의 세상처럼 그렇게 움직이지는 않는다. 사람들의 의식 속에 서열은 그림보다 강하다. 영화 '이보다 더 좋은 순 없다as good as it gets'의 주인공 멜빈 유돌(잭 니콜슨)은 강박장애 환자로 타인을 무시하기 일쑤인데, 그의 성인 유돌은 영국계 미국인의 성씨다. 그의 상대역인 캐롤의 성은 코넬리로 아일랜드 계통의 이름이다. 그는 맨해튼의 그리니치 빌리지에 사는 소설가이며, 그의 상대역인 코넬리Connelly는 아일랜드 계통의 이름으로 브루클린에 사는 웨이트리스이다. 성씨와 그들의 직업, 지위는 은연중 연결된다. 앵글로색슨 멜빈은 유대인과 히스패닉에 대한 인종차별적 언사를 서슴없이 내뱉는다. 그리고 '말썽이나 감방음식 냄새 맡기에 딱 좋은 넓적한 코' 같은 인종차별적 대사가 멜빈의 입에서 튀어나올 때도 사람들은 별 저항감 없이 영화를 읽어나간다. '우월한 앵글로색슨' 족이 가질 수 있는 '자연스러운 생각'이기 때문이다. 영화는 현실보다 더 현실적이다. 흔히 미국 사회에는 인종별 계급 중요도가 있다고 한다. 대충 앵글로색슨 백인, 기타 백인, 유대인, 흑인, 유색 히스패닉인, 아시아계 이민자, 그리고 본토 미국인(인디언) 순으로 정리된다고 한다.[28] 그런 기본 순위를 바탕에 두고 각자 개별적인 노력으로 자신의 지위를 확보한다.

개인의 호감도와 평판도라는 종합점수를 내려면 기본 순위점수에 개인노력 점수가 합해진다. 그리고 종합점수는 최종판정 기준이 되지만 기본점수 차가 워낙 커서 종합점수에서 그리 크게 차이가 나지 않는 것이 현실이다.

이제 코엘료의 '베로니카의 대화'를 통해 '미친 돈키호테'의 이해를 시도해보자. 베로니카는 현실이 무엇이냐고 묻는다. 이고르 박사는 집단적인 욕망이라 답한 후, 자기 목에 맨 무언가를 가리킨다. 정상적인 사람의 대답은 '넥타이'이며, 미친 사람의 대답은 '복잡한 방식으로 매달린, 우습고 쓸데없는 알록달록한 천 조각'이다. 넥타이는 어떤 쓸모가 있는가. 괜찮은 일자리와 거만함의 상징 정도로 쓰일 뿐 다른 쓸모는 없다. 쓸모가 있을 때란 집에 가서 넥타이를 풀 때 느끼는 목의 상쾌함 정도이다. 그러나 목의 상쾌함을 느끼는 순간 넥타이의 존재는 불안하다. 넥타이가 사라지는 바로 그때가 되어야만 넥타이가 가진 순기능이 발현되기 때문이다. 넥타이는 자신의 부재증명을 해야 한다. 그 부재증명을 수행하는 사람은 누구인가.
중요한 것은 옳은 답이 아니라 남들이 옳다고 생각하는

답이다.[29] 사람들은 남들이 옳다고 생각하는 답을 내놓는 훈련과 교육을 수십 년 받아왔고 그렇게 생각하는 것이 이제 편하다. 내 생각이 뭔지 잘 모르는 경우도 많다. 굳이 내 생각을 위해 내 자리를 걸고 말하고 행동할 이유도 여유도 없다. 사람들은 자기 자리를 잃을까봐 어떤 얘기도 못한다. 그런 시대에 돈키호테의 미친 말과 행동들은 우스꽝스럽지만 때때로 펑펑 뚫어줘 시원하다. 중세 대신들은 자리를 잃을까봐 감히 왕에게 언급하지 못하는 말들을 광대를 시켜 말하게 했다. 광대는 미쳤으니 그걸 보고 모두 웃을 뿐이다. 돈키호테와 같은 역할을 한 것이다. 그렇다면 충직한 공복들은 어떻게 바른말을 하고도 목숨을 부지하는가.

돈키호테의 산초 역할처럼 하면 된다.

7. 시오노 나나미의 베네치아

'바다의 도시 이야기'를 쓴 시오노 나나미에게 '왜 피렌체가 아니고 베네치아인가'라고 물었을 때 시오노는 베네치아의 번영은 피렌체만큼은 화려하지 않았으나 지속 가능한 것이었다고 대답했다. 그리스시대부터 중세까지 천 년을 이어간 베네치아에는 어떤 저력이 있었을까? 도저히 인간이 살 수 없는 물 위에 도시를 만든 베네치아는 어떻게 도시들이 경쟁하던 도시국가의 시대에 가장 오래 지속된 도시가 되었을까? 어린 시절의 경험이 전 생애에 걸쳐 절대적 영향을 미치듯 베네치아도 사실 그 유래에서 이미 오래 살아남을 도시의 내면을 배태했다. 베네치아는 야만족의 위협으로부터 살고자 도망친 사람들이 건설한 도시이다. 살기 위해 땅을 포기해야 했던 사람들은 땅끝에서 물을 만났다. 그들은 살기 위해 아무도 침입하지 않을 물 위에 도시를 건설한다. 그렇게 탄생한 것이 베네치아이다. 그러니 그 쓸모없는 땅을 두고 아무도 욕심내지 않았을 것이고, 덕분에 오랫동안 '자신들의 제국'을 누릴 수 있었을 것이다. 그러나 그것은 베네치아의 오랜 번영을 설명하기에는 부족하다. 어떤 공간과 도시이든 번성하면 권력의 서열이 생기고 권력의 불평등으로 인한 갈등이 만성화된다. 결국 상호투쟁하다 자멸의 길에 이른다. 에스모글루는 〈국가는 왜 실패하는가〉에서 모든 실패한 국가의 특징은 '번영이라는 행운의 덫'에 빠졌기 때문이라고 했다. 번영이 자만을 가져오고 자만은 타인에 대한 무시를 그리고 그 무시는 분열을 가져와 내부분열로 사라져 간 것이 모든 사라진 도시와 국가들의 공통점이었다. 그렇다면 베네치아는 어떻게 도시국가 중에서 가장 오랫동안 그 번영을 지속할 수 있었을까.

추적자들의 추격을 피하기에 안성맞춤인 베네치아의 지리적 특성은 역으로 침입에 대한 경비도 필요 없을 만큼

척박한 환경이라는 태생적 한계를 갖는다. 어떤 선택도 생존과 직결될 수밖에 없는 환경이었다. 다양한 이민족들이 모여들었지만 다툴만한 자원도 없었다. 각자의 이해관계를 먼저 따질 계제가 아니었다. '베네치아에 사는 사람들은 필연적으로 독특한 인격으로 바뀌지 않을 수가 없었을 것이다.'라는 괴테의 말처럼, 도망자들은 각자의 인격을 버리고 베네치아인으로서의 인격을 갖추어야 했다. 그리고 '관대한' 인격이란 오래 지속되지 못한다는 것을 알고 있었는지, 그런 인격을 지속화할 수 있는 도시공간을 구축했다. 100여 개가 넘는 섬으로 이루어진 베네치아는 각각의 섬마다 하나의 교구를 이뤄 독립된 생활 공동체를 인정하였다.[30] 유대인이 모여 사는 게토 지역도 거기에 포함된다.

베네치아의 관대함은 도시공간에서 정치와 문화 영역으로 계속 확대되었다. 거지에서 포르노까지 모든 거추장스럽고 껄끄러운 것들을 포용함으로써 그 모든 것을 포용할 수 있음을 대내외에 공표했다. 당대의 유명 포르노 작가 아레티노는 로마와 피렌체에서 쫓겨나 베네치아로 피신해 왔다. 로마에서 권력의 눈치를 보며 위태로운 작품 활동을 했던 아레티노는 베네치아에 정착한 후 유럽 전역에 이름을 알리며 황금기를 보냈다.[31] 사업을 하다 재산을 탕진해 거지가 된 자들도 베네치아에서는 당당할 수 있었다. 거지에게도 특별한 이름을 부여하여 —이름을 부여함은 곧 그 존재에 대한 인정을 뜻하는데— 대우를 해주고 재기의 기회를 주었다. 남편의 오랜 선원생활로 기러기생활을 해야 하는 부인을 위한 기사도 있었다. 베네치아 무역의 핵심인력인 선원이 오랜 '해외출장' 이후에 자기 가정으로 돌아와 행복한 가정생활을 보낼 수 있도록 말이다. 해양국가의 특성상 한번 배를 타면 5년에서 10년은 남편이 집을 비우게 된다. 그런 남편들을 대신하여, 부인에게 봉사하는 기사를 지정해 두어 여자로서 관능적인 아름다움을 유지할 수 있게 용인하였고, 그런 유연한 제도로 가정이 '오랫동안' 보존될 수 있는 '틈'을 주었다. 물리적, 사회적으로 다양한 틈을 보유하게 된 베네치아는 천 년이 넘게 생존한 세계에서 가장 유일한 '장수 도시'로 살아남게 된다. 베네치아가 장수한 이유는 빈틈없는 엄격한 서열이 아닌, 촘촘한 정책들과 유연한 틈들이 결합한 '다공성' 때문이었다.

'부자와 가난한 자들이 아무런 편견이나 갈등 없이 이웃

하고 있고, 소금이 교환의 척도(화폐)이고, 갈대밭과 과수원 사이에 다리가 놓여있어서 사람들의 통행을 돕고, 개펄 지역이라고는 믿을 수 없을 만치 잘 가꾸어진 아름다운 정원과 공원이 즐비하며, 집집마다 말이나 마차 대신 배가 말뚝에 묶여있다. 수심의 차이에 따라 각종 바다 생물이 출몰하여 충만한 생명력을 느끼게 해 준다'[32]

바다의 도시 베네치아는 해상무역 국가이다. 바다 위에 떠 있는 섬들로 이루어진 베네치아로서는 당연한 선택이다. 따라서 베네치아 국민의 대다수는 귀족이나 평민 구분 없이 상인이며 뱃사람이다. 이들은 지역 구분 없이 한 마을에 모여 살았으며 주거지의 구분 또한 없었다. 이들의 주거지는 주택이자 상업용 건물이다. 베네치아 주택의 특징은 중정을 두어 통로로서의 역할을 하게 하였으며, 1층은 주랑(柱廊)이 둘러싸고 있고 그 주랑 안쪽에 늘어선 방들은 손님 접대와 상거래가 이루어지는 곳이다. 또한 가족들을 위한 거실과 식당도 1층에 자리하고 있어 공적인 공간과 사적인 공간의 명확한 경계가 없다. 가족 침실이 있는 2층에는 작은 아치를 촘촘히 배열하여 로지아(밖을 내다볼 수 있게 개방적으로 구성된 넓은 홀)를 설치했다. 로지아에서는 아래 중정에서 일하는 남자를 내려다볼 수 있었으며, 남자들은 고딕식 레이스와 같은 아치 사이로 여인을 훔쳐보았을 것이다. 야만족의 침략을 피해 본토의 땅을 버리고 베네치아로 도망 온 이민족들이 취할 수 있는 것은 소금과 물고기뿐이었다. 아무리 중요한 자원이라 해도 소금만으로는 살아갈 수 없다. 그래서 이민족들은 이것들을 배에 싣기 시작했다. 자연스럽게 해상무역이 시작된 것이다. 물론 처음부터 해상무역이라 부를 수 있는 규모는 아니었다. 소금을 팔아 살아가는 데 필요한 다른 물품들과 바꾸고, 그러기 위해서 배를 만들어야 했다. 그러다 규모도 점점 늘어났고, 선원들도 점점 숙련되어져 갔다. 너나없이 장사를 했고, 배를 탔다. 그러는 동안 이민족들은 서서히 베네치아 시민으로 변해갔다. 그렇게 베네치아는 만들어졌고 베네치아의 성격이 형성되었다. 베네치아는 귀족과 평민의 구별 없이 한마을에 모여 살았던 것으로 그 독특함을 말할 수 있다. 귀족도 뱃사람이요 평민도 뱃사람이다. 귀족과 평민이 한배를 타고 한솥밥을 먹는 것이다. 그러니 주거지 역시 구분할 필요가 없다. 귀족과 평민이 하는 일이 같았고 단지 규모만

다를 뿐이었다. 만약 베네치아에 소금 대신 황금이 있었다면 어떠했을까?

이렇듯 베네치아에서 귀족과 평민의 역할은 명확히 구분되지 않았고 규모에서 보이는 차이는 제도적으로 보완했다. 귀족에게는 정치에 참여하는 특권이 주어졌으나 이는 명예직일 뿐, 귀족으로서 지켜야 할 의무의 비중이 더 컸다. 임기도 1년 단위로 보직을 바꾸어야 했고, 행정업무는 평민이 가질 수 있는 직업 중 하나였으니, 정치적으로 필요한 자료들은 평민의 손에 있었다고 할 수 있다. 반면, 귀족이나 일정한 수준의 자산가는 국가가 발행하는 국채를 사야 하는 의무가 주어진다. 그러면서도 불법이나 범법에 귀족이라 해도 예외는 없다. 베네치아에는 귀족의 횡포로부터 시민의 권리를 지키는 위원회가 따로 존재했을 정도였다.[33] 한 예로 안드레아 바르바리고의 아버지는 정기항로의 선단장으로서 항해규칙을 위반했다는 죄로 1만 두카토(베네치아의 화폐 단위)나 되는 벌금을 언도, 이로 인해 일가가 파산하였다.[34] 안드레아 바르바리고는 몰락 귀족의 자제가 된 것이다. 그러나 베네치아의 특별함은 여기까지가 아니다.

베네치아에는 '부끄러워하는 거지(Povero vergognoso포베로 베르고뇨소)'라는 제도가 있다. 이는 원래 귀족이거나, 그에 못지않게 유복했던 사람들이 구걸을 해야 할 정도로 몰락한 사람들에게 재기의 기회를 주기 위한 제도였다. 배가 해적의 습격을 당하거나 태풍을 만나 침몰한 경우, 또는 어떠한 이유로 재산을 탕진한 사람도 해당되었다. 이들은 머리부터 발끝까지 검은 망토로 몸을 가렸으며, 이런 행색으로 구걸을 해 따로 행인에게 말을 걸 필요도 없었다. 이것은 이들이 재기했을 때에 구걸을 했다는 전력이 그 사람을 짓누르지 않도록 하는 배려였다. 사업을 하다 몰락한 귀족의 자제들을 위해 국가는 직업도 알선해 주었는데, 그 중 하나가 상선의 석궁수가 되는 일이었다. 상선의 전문 전투원인 석궁수가 되면 항해술을 배울 수 있었고, 승무원 전원은 직급에 맞는 상품으로 무역을 할 수 있었기 때문에 장사 기술을 배울 수도 있었다. 베네치아는 재기의 땅이었다.

귀족이든 평민이든 부를 쌓을 수 있는 기회는 동일하였다. 해상국가였던 베네치아에서는 누구든 배를 탈 수 있었고 누구든 장사를 할 수 있었다. '무다'라고 불리는 정기 상선 제도를 운영하고 있던 베네치아에는 '콜레간차'라는 제도가 있는데, 이는 해상융자제도로서 자본가와 (선원 겸 상인인) 경영자가 일정 비율로 출자를 하는 방식과 자본가가 전액을 출자하는 방식으로 운영된다. 이 제도는 그리스, 아라비아에서는 상인들 가족이나 친척 간에서만 통용되던 것이었으나 베네치아에서는 같은 나라 사람이라면 누구나 참가할 수 있도록 확장했다. 항해가 끝나면 콜레간차는 해산하고 다른 목적으로 새로운 콜레간차가 결성되는 것이 보통이었기 때문에 권력과 이익이 집중되지도 않았다.[35]

특히 여기에는 무다라는 베네치아만의 독특한 제도가 콜레간차의 인프라 역할을 담당했다. '무다'는 정기 상선 제도로 보통 5척에서 10척으로 선단을 편성했다.[36] 이렇게 집단으로 선단을 꾸미면 유사시에 함대로도 전환할 수 있었고, 정기항로를 개척함으로써 안전성과 예측 가능성을 확보할 수 있었다. 이런 제도가 베네치아의 무역을 번성시켰고 그 당시 최대 시장이었던 향신료 시장을 독점할 수 있었다. 또한 배의 건조와 유지 등은 국가가 부담하였고 선단장을 정부가 임명하여 관리 감독함으로써 대상인의 독주를 저지하였다. 수송료를 지불하면 누구든 짐을 실을 수 있게 하여 중소상인을 보호 육성하는 정책도 실제로 행해졌다. 사실 그 당시 베네치아 정부는 대상인이 지배하고 있었는데도 이런 약자보호정책을 썼다는 것은 대상인 또한 베네치아의 공민으로서 공평무사했다는 것을 확인할 수 있다.

물론 베네치아도 중세의 여느 국가와 마찬가지로 엄연히 계급이 존재하였다. 정치권력을 독점했던 귀족nobili, 오늘날의 부르주아와 같은 세력인 시민cittadini, 그 외 수공업자, 선원, 조선 노동자, 외국인 상인, 잡부에 이르기까지 인구의 대다수를 차지한 서민층popolani이 그것이다. 그러나 이는 사회적인 역할에 대한 구분이었을 뿐 경제적인 구분은 아니었다. 베네치아 계층의 경계는 영역을 고립시키는 서열경계와는 다르다. 귀족계급도 대부호에서 빈곤층까지 있었으며, 귀족보다 큰 재산을 모은 시민계급도 있었다. 귀족계급이 누리는 유일한 특권은 정치에 참여하는 것일 뿐, 솔선해서 법을 지키고 세금을 바치고 전장의 최전선에 서야 했다.

베네치아에서 아들로 태어나면 능숙한 인간으로 길러진다. 부모 곁에서 초보교육을 받은 후 7세부터 학교에서 읽기, 쓰기, 산술을 배운다. 이때부터 14세까지 수사학, 기하학, 천문학, 라틴어까지 배우는 의무교육은 귀족이나 대상인의 원조에 의해 운영되었지만, 계급의 차이 없이 누구나 원하면 입학할 수 있었다. 의무교육이 끝나면 베네치아의 젊은이들은 해외로 나가 항해술이나 장사하는 법을 배울 수도, 또는 국내에 남아 전문학교나 대학에 진학할 수도 있었다. 귀족과 평민의 아이들이 함께 배우는 베네치아 학교는 늘 활기찼으며, 귀족, 상인, 뱃사람들이 서로 골목을 마주 보고 한마을에서 살며 서로를 포용했다. 성인이 되어 돈을 벌려 배를 탈 때도 계급과 서열은 무시되었다. 귀족의 자제라 해도 갤리선의 바닥일꾼, 석궁수로 바다로 나갔다. 항해의 경험이 쌓이면서 선원이 되었고, 상인으로 성장했다. 이렇게 길러진 상인 중에서 여러 사람이 인정하는 사람이 선장으로 선출된다. 그렇다고 선장의 독단을 허용하진 않는다. 선장과 선주 그리고 상인들 중 2명을 뽑아, 4명의 합의에 의해 배 안에서 벌어지는 모든 일을 결정한다. 이때도 계급의 구분은 필요 없다. 선장과 선원들 사이에 지켜야 할 규정을 어겼을 경우 아무리 선장이라 해도 그 자리에서 선원을 처벌할 권한은 없었다. 선장뿐 아니라 선원도 선장을 해상 재판소에 고소할 수 있었다. 귀항 후 해상 재판소에 고소를 하고 법에 의해 공정한 재판을 받게 한다.

베네치아에서 부당한 대우를 받았던 계층은 여자들이 아닐까 싶다. 여자는 정치의 장에서 완전히 배제되었으며 글을 읽고 쓰는 것 외에 남자들처럼 학문의 길은 열려있지 않았다. 여자들은 우아한 몸놀림을 배우기 위해 무도를 배우고 자수나 악기연주를 배우는 것이 전부였다. 미혼의 여자들은 외출도 자유롭지 못했으며 지참금 등의 이유로 결혼을 하지 못한 처녀는 수녀원에서 평생을 보내야 했다. 여자의 일이란 바쁜 베네치아 남자들을 대신하여 이른바 접대하는 일이다. 외국의 왕후를 맞이하는 국가적인 초대연에서부터 해외 각지에서 오는 남편의 동업자에 이르기까지 공식적인 행사는 끊이지 않았다. 여자들이 아름답게 치장하려는 노력을 많이 하였던 것은 당연한 일이었다. 화장은 물론이고 햇볕에 머리를 쬐어 금발로 만드는 수고도 아끼지 않았던 '베네치아 금발'은 독일 남자들까지 찬미했다. 하지만 아무리 아름답고 화려하게 치장을 한다고 해도 바쁜 남편의 빈자리를 채워줄 수는 없었다. 이탈리아의 다른 지방에서 바쁜 남편을 가진 여자는 사제에게 참회하고 기도하고, 여자들끼리 수다로 넋두리하는 동안, 베네치아의 여자들은 봉사하는 기사와 함께 한 것이다. '카발리에 레 세르벤테'라 불리는 봉사하는 기사는 아침에 부인이 잠에서 깰 때쯤 방문하여 부인의 옷차림을 보아주고, 교회나 산책길에 에스코트한다. 부인의 걱정거리도 들어주고 부드러운 조언도 하며 부인의 시름을 덜어주려 애쓴다. 쇼핑을 함께한 후 부인이 침실로 들어가면 그것으로 그의 일과를 끝난다. 이는 오랜 뱃길로 인해 생기는 빈자리를 보듬어주어 여자로서의 관능적인 아름다움을 유지할 수 있게 한 남편들의 배려 하에 공인되었던 제도였다.

베네치아의 자연스러움은 필요에 의한 자연스러움이다. 곤돌라가 떠 있는 운하도, 소교구들을 연결하는 운하와 다리들도, 해상무역도, 베네치아로서 살아가는 방법들이다. 또한 베네치아는 현명하다. 백여 개가 넘는 섬들로 이루어진 베네치아를 육지화해서 억지로 이으려고 하지 않았다. 부족한 식량을 채우려고 육지를 탐하지도 않았다. 그냥 비어있는 바다로의 진출을 택했다.

베네치아를 방문했던 괴테는 '이 길은 두 팔을 벌리면 바로 그 넓이를 측정할 수 있을 정도이며, 가장 좁은 곳은 주먹을 허리에 댄 채 팔꿈치로도 넓이를 잴 수 있을 정도'라고 베네치아의 밀도에 관해서 서술했다. 중세 서유럽 대도시의 인구수가 1~2만 명이었을 때 베네치아에는 20만 명의 인구가 모여 살았으니 그 비좁음에 대해선 가보지 않았어도 충분히 짐작할 수 있다. 베네치아의 집과 집 사이도 일조권을 확보할 수 없었기에 옆집과 지그재그로 층을 두어야 했다. 카사노바는 이 때문에 바람의 현장을 들킬 위기의 순간에 옆집으로 점프하여 위기를 면할 수 있었다고 한다. 이렇게 좁은 골목길이 미로처럼 이어져 있지만 막다른 길은 거의 만날 수 없고 다리와 운하는 섬과 섬을 잇는 통로로 베네치아를 묶어주고 있다.

아름다운 베네치아는 그럴 만한 이유가 있었던 것이다.

KBS 대하드라마 〈징비록〉은 사실 좀 충격이었다. 앞서 방영되었던 대하드라마 〈정도전〉보다 시청률은 그리 높지 않았지만 유성룡 역의 김상중과 선조 역의 김태우 호연뿐만 아니라 그 내용에서 생각할 거리가 많은, 상당한 인상과 여운을 남긴 작품이었다. 그런데 사회학자로서 생각해보면, 시대를 뛰어넘는 생각을 한다는 것도 어려운데 그것을 현실에 실현하는 능력까지 갖추었다는 것은 거의 '하늘의 능력'일 것이다. 사회학자 송복은 유성룡이 없었다면 조선왕조 600년은 반 토막 나서 300년으로 마감했을 것이라고 평가했다. 과도한 평가일 수도 있겠으나 그만큼 난세의 영웅은 하늘이 내린다는 말일 것이다. 조선의 유교가 정치 윤리와 당파명분 차원에만 골몰할 때 유성룡은 유학을 '국가전략' 차원으로 격상시켰다.

우선, 유성룡은 당시 전시 중의 영의정으로서, 조선에 노비해방을 정책적으로 제시한 최초의 인물이라고 평가할 수 있다. 전쟁의 보상과 공명첩이 그것인데, 왜놈을 잡으면 노비를 면천시켜주었고 전투의 공이 많을 경우 벼슬까지 내렸다. 이는 임진왜란에서 조선이 승기를 잡는데 아주 중요한 정책이었는데, 이것을 좀 더 확장시켜보면 유성룡은 기실 조선의 링컨에 비길 수 있다. 비슷한 시기 남북전쟁에서 링컨은 모든 인간이 평등하다는 게티스버그 연설의 정신을 구현했다. 그 구현은 정신을 현실에 기초하여 실행했기 때문에 가능했다. 남북전쟁에서 노예해방의 북군 승리는 —다른 많은 요인도 있었겠지만— 남군의 경우 남부 지도자들이 자신들의 노예가 징집되는 것에 반대하였기 때문에, 그리고 북군의 경우는 탈출했던 노예들이 대거 북군의 군인으로 복무하면서, 남북전쟁의 전세가 결정되었다고 분석할 수 있다.

물론 링컨의 노예해방은 링컨 개인의 뜻과는 관련 없는

정치적 선택이었다는 해석도 있지만, 유성룡의 노비면천책은 개인의 뜻과 정치적 선택이 공히 결합된 '수신치국'의 실행이었다. 그가 천거한 노비 출신의 신충원도 전장에서 혁혁한 공헌을 세워 면천되고 벼슬까지 얻는다. 유성룡의 이러한 노비면천과 노비천거는 물론 다급한 전시상황에서의 국난극복이 제일 큰 이유였겠지만, 유학에 기초한 인간평등과 박애 정신도 그 바탕에 깔고 있었다. 유성룡은 그 시대의 '이단'인 양명학 서적을 보면서 〈양명집〉의 전습록에 나온 문장을 스스로 인용한다.

"정신의 마음은 천지만물로 일체를 삼으니 온 세상의 사람에 대해 내외원근의 구별을 두지 않고, 무릇 혈기 있는 것은 모두 형제나 친자식으로 여기어 그들을 안전하게 하고 가르치고 부양하고 그 만물일체의 생각을 다하고자 하지 않음이 없다."

양반 사대부들이 갖는 특권은 유학에서도 정당화될 수 없는 것인데, 하물며 나라가 어려운 전쟁 때는 어떠하겠는가. 유성룡의 주장은 사실 그 당시 주자학을 신봉하던 사대부 양반들에게는 받아들여지기 어려운 것이었다. 양명학은 주자학의 사민(사농공상)과 사대부와의 신분 차이를 부정한다. 유성룡은 양명학에서 주장한 "직업은 달라도 도는 그 마음을 다한다는 점에서 동일하다. 선비는 마음을 다해 정치를 펼쳤고, 농부는 먹을 것을 갖추었고, 장인은 기구를 편리하게 하였으며, 상인은 재화를 유통시켰다"는 친민사상을 수용하고 있다. 유성룡의 스승인 이황과 사대부들이 모두 양명학을 비판했지만 유성룡은 열린 자세로 국가발전에 필요한 교의는 받아들여야 한다는 입장이었다. 물론 유성룡은 자신의 '시대에 맞지 않는 낯선 행동'에 반성하며 양명학을 공식적으로 비판했지만 그의 행동방식은 분명 교조적이기보다는 실용적 관점을 견지하였다고 볼 수 있다. 유학의 수시변통론을 극대화시켜 현실 정치와 정책에 적용한 것이다.

유성룡은 비슷한 시기의 링컨만이 아니라, 비슷한 시기의 루터와도 비견될 수 있다. 루터는 면죄부 판매에 대한 가톨릭 교황청의 사이비 논리와 교황의 권위를 비판하며 종교개혁을 이끌었던, 프로테스탄티즘의 핵심인물이다. 이른바 '만인사제설'로, 사제는 '자기의 일'이 있는 것일 뿐,

평신도보다 서열이 높은 사람이 아니란 뜻이다. 자기 일을 하는 모든 사람이 사제라는 것이다. 일은 신의 부름을 따르는 소명calling이기 때문이다. 양반과 귀족의 특권에 반대하고 모든 직업을 '도'라고 본 유성룡의 친민사상과 정확히 상통하고 있는 것이다. 루터의 종교개혁은 칼뱅을 만나 성공을 완수했으나 유성룡의 개혁은 일시적이었을 뿐 결국 사대부 양반의 저항으로 실패했다. 루터시대에는 교황에 대항했던 왕권과 성서를 찍는 인쇄술, 분노한 농민의 문해력literacy 덕분에 정치개혁과 사회개혁이 동반되어 성공했지만, 유성룡의 시대에는 개혁 리더집단의 부재, 농민 문해력의 부재로 그의 개혁은 시골 골방에 주저앉았고, 분노한 농민들의 저항은 산발적이었을 뿐 모두 참수대로 사라졌다. 조선 중기 임진왜란을 전화위복의 계기로 삼아 조선의 개혁을 완수하려던 유성룡의 개혁은 미완으로 끝나고 전란 이후에는 모든 것이 없었던 일로 돌아갔다. 그의 개혁 작업은 완패하고 징비록만 남긴 채 역사에서 사라진다. 그 이후 조선은 대동법 등 몇몇 개혁정책들을 다시 채택하나 대부분 선제적이지도 않고 적극적이지도 않았다. 조선이란 나라는 그 명맥을 유지하긴 하나 국운은 조금씩 쇠퇴의 길을 걸었다. 결국 삼백 년 후 열강의 전쟁터로, 열강의 먹 잇감으로 최후를 맞는다.

그러나 유성룡의 조선은 품격 있는 대하드라마로 다시 부활했다. 드라마는 위대하다. 우리 역사와 문화재를 명품이라며 유리벽에 갇힌 골방에 두고 썩힌 것이 아니라, 안방에서 오랫동안 우리에게 친숙했던 인물들로 재연시켜 대중화했기 때문이다. 사실 드라마에서도 나오지만 유성룡을 다시 봐야 할 더 큰 이유는 그의 '사회 조직적 안목'이었다. 모든 사회는 조직체계에 의해서 움직이는데 그는 이를 간파하고 전쟁수행을 위해, 그리고 국가발전을 위해 '근대적 조직체계'의 틀을 짰다. 어찌 보면 이는 가장 어려운, 그 시대에는 상상하기조차 어려운 일이 아니었을까. 친민사상이야 양명학도 있었고, 불경에도 있었고 하니 시대의 사상을 접하다 보면 탁월한 혜량으로 선택해낼 수 있는 것이지만, 근대적 조직체계를 형성하는 것이란 유학자가 하기엔, 그것도 군대조직을 통해 실현하기엔, 그 누구도 불가능한 그만의 고민과 성찰에서 나온 지적 산물이었다.

유성룡은 군대의 모든 조직을 대개편한다. 전쟁 시기에는 명령체계를 굳건히 하기 위해 군대의 위계서열을 효율적으로 짜는 것이 아주 중요하다고 보았다. 전쟁 시기에는 적을 제압하는 데 필요한 공격기술을 개발해야 하고, 명령이 즉각적으로 전달되는 속도가 중요하며, 서로 분화된 역할들이 적절하게 조화를 이뤄 작전을 수행해야 한다. 그러기 위해서는 명령이 빨리 정확하게 전달되어야 하는데, 이때 위계적 관료조직은 그런 역할에 정확히 부합하였다. 그러나 당시 군대조직은 그런 명령체계가 아예 갖추어져 있지 않았다.

"오늘날의 장수된 사람들은 적군과 싸울 때 명령이 전혀 없는 상태에서 뒤섞여 함께 전진합니다. 어느 부대가 정면으로 공격하고, 어느 부대가 기습하는지 서로 알지 못합니다. 또 어느 부대가 먼저 나아가고, 어느 부대가 뒤에 나아가며, 어느 부대가 복병이 되고, 어느 부대가 후속 부대가 되는지도 알지 못합니다. 아무리 혼란스러워도 도맡아 분명히 명령을 내리는 사람이 없습니다." [37]

유성룡의 상소문처럼 명령 위계가 전혀 없는 조선의 군대였다. 장수들은 자기 개인의 편리를 위해 군인을 사병처럼 부리기 원했다. 활을 조금 잡을 줄 아는 사람이 있으면 군관이라는 명칭을 붙여 자기 휘하에 모아두는 것이 다반사였다. 군대에 나누어 배치하지 않고 자기 옆에서 응대하고 사환하는 임무만 시킨다. 병졸들은 소속된 곳이 없고 진을 치고 싸우는 방법도 모른다. 그러고는 매양 병사들이 패전하여 무너지는 것만 걱정하고 있다는 것이다. 그래서 유성룡은 속오를 편제하여 지금의 소대·중대·대대·연대 방식의 조직체계를 만들어 명령과 전투가 가능한 조직으로 만들었다. 또한 이러한 속오군에는 양반·서얼·향리·공천·사천 할 것 없이 장정으로 실제 군인이 될 만한 사람은 모두 뽑아서 가까운 부근의 각 동리에 거처하며 훈련하도록 했다. 지금으로 치면 동원예비군이나 향토방위군 방식으로 군 동원체제를 구축한 것이다. 그리고 양반부터 노비까지 모두 '사목(규칙)'에 의해 대오(군대)를 편성하게 하였다. 이는 곧 속오군 조직에서는 조선의 강고한 신분체계를 뛰어넘는, 양반·양인·노비의 신분이 사라지고 군의 조직체계에 의거한 위계만이 남는 것을 의미했다. 속오군에서의 권력은 오직 조직에 있을 뿐, 부와 벼슬을 가진 개인에게 달라붙지 않았다. 길을 가다가도 양반이기 때문에 노비를 때릴 수 있고, 노비이기 때문에 양반을 때릴 수 없는, 권력이 일상의 개인에게 달라붙어 있는 것이 아니라, 조직의 체계에서 권력이 나오는 근대적 조직체계를 완성한 것이다.

또한 이런 명령 위계체계 안에서 리더는 어떠해야 하는가에 대한 유성룡의 혜안도 탁월하다. 이는 〈징비록〉의 이순신 관련 일담에서 잘 드러나는데, 이순신의 위대함은 위아래의 소통에 있었음을 간파한 것이다.

"이순신이 한산도에 머무르고 있을 때 운주당이라는 집을 지었다. 그는 그곳에서 장수들과 함께 밤낮을 가리지 않고 전투를 연구하면서 지냈는데, 아무리 졸병이라 해도 군사에 관한 내용이라면 언제든지 와서 자유롭게 말할 수 있게 했다. 그러자 모든 병사가 군사에 정통하게 되었으며, 전투를 시작하기 전에는 장수들과 의논해 계책을 결정한 까닭에 싸움에서 패하는 일이 없었다." [38]

'하늘이 내린 재상' 유성룡이 보기에 이순신의 강점은

'지식순환과 창조'에 있었다. 그러니 백의종군도 마다치 않는 사람일 수 있었던 것이다. 우린 그걸 놓치고 이순신을 보아왔다. 큰 칼 옆에 차고 호령하고 군림하는 이순신만 생각했다. 지도력은 권력자의 폭압과 호통, 계책이 상명하달로 나타나는 것이지 거꾸로는 없다고 생각했다. 그러나 그것만이 권위가 아니다. 이순신의 리더십은 현대 리더십이론에 비추어도 전혀 손색이 없다. 리더들의 특징을 장기간 연구한 하버드대학의 하워드가드너는 그의 〈통찰과 포용〉에서 리더십의 스타일을 직접적 리더십과 간접적 리더십으로 나눠보고 있는데, 이순신은 이 두 리더십 스타일을 최적화한 인물이었다.

송복은 우리 역사에서 민족적 기력이 쇠퇴하기 시작한 것을 조선 중기 선조 임진왜란을 기점으로 파악하고 있다. 그는 그 첫 번째 이유를 하층민의 노력과 재산을 폭력적으로 갈취하는 지배계급의 폭정에 두고 있다. 물론 유성룡은 농민과 양민들에게 그들을 보호하고 그런 연후에 세금을 거두어야 한다고 주장했지만 폭정은 계속되었다. 결국 임진왜란이 발발하자마자 선조는 궁을 버리고 천도

했고 분노한 백성들은 경복궁을 태워버린다. 그런데도 지배계급은 반성은커녕 오히려 당쟁에 더욱 몰두하게 되는데, 그 이유는 지배계급이 자신들의 의무인 도덕적 청렴을 저버려도 큰 문제가 없었기 때문이다. 양민으로 살아가는 농민을 보호하지 않아도 자신들의 지위를 유지할 수 있게 해주는 왕조체제가 있었던 것이다. 문벌귀족들은 때로는 왕조에 기대고 때로는 왕조를 탓하며 자신들의 의무와 과오를 피해 나갔다. 백성과 양반 사이에 상호 지켜야 할 '위계적 계약'을 파괴한 것이다. 여기에 유성룡은 작미법(대동법)과 속오군을 강행한다. 상·하의 위계적 계약을 복구하여 백성과 양반 그리고 왕과의 신뢰와 연대, 책임과 책무를 복구시키려 한 것이다. 비록 그의 '재조산하(再造山河)'는 실패로 끝났지만 역사의 기억에 아름다운 영웅들의 이야기가 있었음은 참으로 다행이다.

—

III. 현재 또는 미래

—

—

일상성 전체를 다시 문제 삼아야 한다.

호모사피엔스(슬기인)·호모파베르(제작인)·호모루덴스(게임인)는 결국

호모 코티디아누스 homo quotidianus(일상인)로 귀착된다. 사람들은

일상 속에서 인간(homo)의 자질마저 잃어버린다. 일상인은 아직

사람인가? 그것은 잠재적으로 하나의 로봇이다. 인간의 자질과

성질을 되찾기 위해서는 일상의 한가운데에서, 그리고

일상성에서부터 출발하여 일상을 극복해야만 한다.

– 앙리 르페브르

—

9. 빅맨의 실리콘밸리

"따르릉" 수화기로 전화벨 소리가 전달되어 울렸다.

"교수님, 덴마크 연결되었어요."

올해 초 강원도의 차가운 겨울바람이 연구실 창문을 흔들던 오후였다.

학과 조교가 전화기를 건넨다. 원격인터뷰를 위해 학과장인 내가 통화하고 다른 교수들도 들을 수 있도록 스피커폰도 켰다. 많은 해외 교환학생이 강원대학교 영상문화학과에 오지만 대부분 중국이나 아시아계 출신들이고, 요즘들어 한류 때문인지 서유럽, 동유럽 학생들이 한둘 씩 다녀갔다. 그러나 우리 학과에 덴마크 학생이 지원한 것은 처음이어서 다른 교수들도 약간 궁금해하는 상황이었다. 자기소개를 잠시 들었다. 어릴 적 부모님과 이민 가서 덴마크에 살다가 한국으로 1년간 유학 오는 학생이었다. 한국말도 능숙하게 잘했다. 한국인이면 일반적으로 물을 수 있는 질문을 던졌다.

"학점도 좋고 다니는 대학도 코펜하겐대학인데, 강원대 영상문화학과로 지원한 특별한 이유가 있나요?"

사실 그 정도면 한국의 소위 명문대학에서 다 받아줄 텐데 서울에서 멀리 떨어진 지방으로, 그것도 먼 덴마크에서 오는 이유가 궁금했다. 그런데 대답은 생각보다 너무 간단했다.

"한국 대학 거의 다 인터넷으로 조사해 봤는데, 내가 공부하고 싶어 하는 주제를 이 학과 교수님들이 하고 있으셔서요." 존댓말이 좀 엉켰지만, 이유는 명료했다. 더 이상 물어볼 것이 없었다. 대학을 선택하는 기준이 우리와는 많이 달랐다. 우리는 일단 '이름 있는 대학'이어야 하고 그것을 전제로 내 적성과 주제를 찾는다. 자연히 시작부터 범위를 좁게 치고 찾는다. 접할 수 있는 지식과 정보의 수많은 문을 나 스스로 닫아버리고 몇 개의 문에서만 부지런히 찾는다.

지식과 정보의 경쟁력 시대에 인적자원밖에 없는 우리가 스스로를 옥죄는 꼴이다. 정보와 지식의 네트워크가 얼마나 넓으냐가 경쟁력을 가름하는 시대다. 스스로 선택지를 줄이면 정보와 지식 네트워크의 넓이는 줄어든다. 그러나 이제 깊은 것은 넓은 것과 비례한다. 넓을수록 협력의 가능성은 커지고 문제 해결의 가능성도 커진다. 지식정보의 세계에서는 약한 유대가 이미 강한 유대보다 더 강한 시대이다.

서열중독으로 우리는 스스로의 네트워크를 확 좁혀버렸다.

재작년 독일 대학에서 교환학생으로 왔던 샌드라가 연이어 생각난다. 토종 게르만에 육 척 장신의 샌드라가 교환학생으로 온 지 반년 정도 후 가진 면담자리였다.

"샌드라는 한국 학생들 보면서 뭐가 제일 인상에 남았어요?"

샌드라가 세 가지가 있다며 일목요연하게 요약을 한다. 수업시간에 모르는 걸 꼬박꼬박 질문하고 알 때까지 내 연구실로 와서 물었던 학생이다.

"첫째는 이름요. 한국 학생은 이름을 물어보지 않아요. 일단 전공부터 물어보고 이름은 한참 뒤에나 물어보는 게 이상했어요. 둘째는 건강이에요. 너무 건강에 신경을 많이 써요. 얼굴에 햇빛이 비치면 다들 가리고 난리들입니다. 그리고 셋째는요..."

머뭇거린다. 왜 그러지. "셋째는 뭔데요?"

"연애를 비슷한 나이의 이성들하고만 해요. 독일은 나이 차이가 많이 나도 아무런 문제가 없이 연애하는데, 여기는 거의 동년배들하고만 연애하는 것 같아요."

샌드라에겐 그게 인상적이었고, 내겐 '많은 생각'을 하게 만든 답변이었다. 연애를 안 한다는 것은 만나지도 않는다는 말이다. 만나면 나이부터 따져 위아래를 정하는 우리의 서열문화가 동년배들만의 네트워크를 만든 것이다. 세대 간의 교차와 교감은 어느덧 낯선 일이 되었다.

서열중독으로 우리는 스스로의 네트워크를 확 좁혀버렸다.

유명한 잡스 이야기는 지겨울 때도 되었건만 우리에겐 여전히 새롭다.

"그때 페어차일드를 비롯하여 60여 개 기업 엔지니어들이 같이 점심을 먹으며 자신들 경험과 시행착오, 노하우를 나누는 문화가 생겼다. 인도, 중국, 러시아 출신 등 인종적 장벽을 경험한 기업인들도 연합을 결성해 서로 돕기 시작했다. 그 문화가 다음 세대에까지 이어졌다. 몇몇 기업 간부들이 1주일에 한 시간씩 시간을 내 엔지니어들을 만나 조언을 주기도 했는데, 장발의 20대 청년이 당시 55세였던 인텔 창업자 로버트 노이스 연락처를 전화번호부에서 찾아 조언이 필요하다고 면담을 청했다는 일화는 유명하다. 그 젊은이가 스티브 잡스였다." [39]

실리콘밸리 연구가 스티븐 블랭크는 실리콘밸리엔 '페이 잇 포워드(pay it forward)' 문화란 게 있다고 한다. 안면도 없는 사람에게 도움을 청하는 연락을 받고 도와주는 것을 사회적 책무라 생각한다는 것이다. 사실 이런 환대의 문화가 실리콘밸리 성공의 토양이었다. 그러니 그 많은 나라에서 실리콘밸리 클러스터를 따라서 해도, 스탠퍼드처럼 세계적인 명문대학을 만들어도 실리콘밸리 같은 것이 나오지 않는 이유이다. 문화 인프라가 없기 때문이다. 사실 실리콘밸리도 베네치아에서 배웠다. 색스니언 버클리대학 교수의 연구에 의하면, 실리콘밸리의 성공에는 인도와 중국, 대만의 브레인들이 실리콘밸리에서 많은 역할을 해주고 있기 때문이다. 실리콘밸리가 배타적이었다면 이미 그곳은 소멸했을 것이다. 실리콘밸리만큼 관용도가 높고 인종차별이 없고 새로운 문화에 관대한 곳도 미국에는 드물다.

미국 페이스북 본사 신사업기획팀에 근무하는 한 한국인이 페이스북에 올렸던 사연이 기억난다. 한국인으로서 문화적 충격을 받아 올린 사연인 듯하다. 한번은 자기 팀이 주커버그 집에 초대를 받았다. 몹시 흥분되어 집에 가니 마당에 와인이며 다양한 스낵거리가 준비되어 있었다고 한다. 분위기가 무르익을 무렵, 자기 테이블에 와인이 더 필요했고 그래서 가져온 와인을 따려고 했는데, 와인 따개가 주변에 없었다. 그런데 자기 팀의 팀장이 마크 주커버그에게 이런 말을 하더라는 것이다.

"마크! 여기 와인 따개가 없는데 좀 가져다줘!"

깜짝 놀랐다고 한다. 어떻게 팀장이 하늘 같은 회장님에게 그런 하찮은 잡일을. 그러나 주커버그는 "알았어, 내가 어디 있는 줄 알아. 바로 가져다줄게" 하고는 가서 바로 가져오더라는 것이다.

서로를 존중한다는 것은 서로의 위치와 자리를 존중한다는 의미도 있겠지만 그보다는 인간으로서 존중한다는 것이 우선일 것이다. 존중이란 그런 면에서 인간의 기본 도리이고 기본도리라는 것은 그것이 직장이든, 가정이든, 학교든, 관광지든, 화장실이든 모든 것에 공히 적용된다는 것이다. 그런데 직장에서의 서열이 우리에겐 가정과 관광지, 화장실까지 침투해있다. 회사를 퇴근했어도, 술자리라 해도 자기 이름은 없다. 어디서든 김 과장, 박 대리, 이 상무로 불린다.

사실 현대사회에서도 서열에 집착하는 것은 생활의 근본인 일이 서열화되어 있기 때문이다. 여가는 이미 서열의 프레임을 깼다. 야구팬부터 e스포츠까지 사람들은 저마다의 기호로 즐기며 소통한다. 그러나 생활의 근본, 생계의 근본은 일인데, 바로 이 일에서 서열화는 더욱 공고해졌다. 대기업과 중소기업의 격차, 정규직과 비정규직의 격차, 일자리 간의 격차가 더욱 커져버린 것이다. 사실 나이 차별도, 성차별도, 지역 차별도, 대학 차별도 모두 이러한 일의 격차가 그 근본에 깔려있다. 내 일생에서 먹고사는 문제가 해결되지 않는 이상 모든 사람의 마음 그 근원에는 늘 불안과 공포가 깔리며 그 불안과 공포를 벗어나려고 상위 서열에 집착하는 것이다.

먹고사는 문제가 일생의 문제로 '생애화'되면 먹을 것을 보장해주는 우두머리를 위해 충성해야 하고 그 조직을 위해 몸을 던져야 한다. 상위서열로 오르려는 유인원들의 숙명이다. 그러나 침팬지 중에서도 보노보는 달랐다. 보노보가 평화로울 수 있는 것은 뭐든 공유하고 배려하고 챙겨주기 때문이었다. 싸우기 전에, 감정의 골이 깊어지기 전에 마음을 나누고 접촉하는 일을 먼저 했고 먹을거리를 나누었다. 욕구가 욕심으로 욕심이 권력으로 흐르는 트랙을 타기보다는, 욕구가 접촉으로 접촉이 공유로 흐르는 트랙을 탔기 때문이다. 보노보가 그렇다는 말이다.

10. 행복한 일꾼론

한국인의 욕구를 파 들어가다 보면 관계주의, 현세주의 및 배상주의라는 삼위일체론이 있다. 한국의 대학교수 30여 명이 쓴 〈한국인은 누구인가〉라는 책을 보면, 한국인을 남들보다는(관계), 사는 동안에(현세), 좀 더 잘 살고 싶다(배상)는 속세의 삼위일체론으로 정리했다. 이러한 삼위일체론이 그나마 최적주의로 가면 조금 나았을 텐데, 그것이 아닌 최대주의로 가면서 한국인의 행복은 아사 직전에 처하고 말았다. 어찌 보면 '행복망각'의 상태이다. 열심히 일하며 쾌락의 쳇바퀴만 돌다가 원래의 목적을 잃어버리고 그냥 소진해 버린 상태이다. 독일의 철학자 호네트는 〈물화〉에서 이를 테니스의 비유에 빗대었다.

"친구 둘이서 테니스 경기를 하기로 하였다. 그러나 경기를 하면서 그 둘은 경기에 이기려는 마음이 앞서면서 다양한 이기는 방식을 고안하게 되었다. 그리고 이 과정에서 이들은 그들이 서로 친한 친구로서 우정을 더 돈독히 하기 위해서 테니스를 치기 시작하였다는 사실 자체를 망각하기 시작한다. 서로 친구로서 인정하기를 망각한다."

우애에서 오는 행복은 아리스토텔레스의 말대로 오래가며 지속적이다. 그러나 서열과 경쟁에서 오는 행복은 지거나 이기는 것이고 감각적 쾌락의 정도가 크기 때문에 그만큼 쳇바퀴로 들어갈 공산이 크다. 쳇바퀴에 갇힌 행복은 '사이클'의 순환에 귀속된다. 즉 좋아지면 곧 나빠지고 나빠지면 곧 좋아지는 사이클이다. 행복은 나를 넘어서는 타인을 포함하는 공적 행복이여야 지속가능하다. 서열과 경쟁의 사이클은 누구나 불안할 수밖에 없기 때문이다. 심지어 1등의 기쁨도 잠시, 수성을 위해 밤잠을 설치기도 한다.
이칠일레짐의 강제배분평가제도는 단순히 비인간적인 제도

만이 아니다. 생산성도 떨어진다. 이제 많은 기업들이 그 성과에 의문을 제기하고 폐기하고 있다. 마이크로소프트의 빌 게이츠는 2013년 상대등급평가를 더 이상 하지 않겠다며 잭 웰치 모델의 폐기를 선언했다. "지나친 조직내부 경쟁이 불평등, 신뢰저하, 사내정치를 조장하고, 협업과 창의적 집단지성의 발현을 해쳤다"는 것이다.[40] 그러나 우리의 상황은 많이 다르다. 여전히 전통적 서열의식과 이칠일 레짐이 서로를 견인하는 '선택적 친화성elective affinities'으로 인해 상승작용을 일으키며 견고해지고 있다.

그러나 집단 업무란 경마와는 다르다. 명마 100마리를 줄줄이 세워놓고 경주를 시킨다고 해서 전체적인 경기 성적이 향상되는 것은 아니다. 1등이 문제인 경우도 꽤 많고 그러면 문제는 더 커진다. 이수영 광원산업회장이 어느 신문에 인터뷰하기를, "부모 재산과 회사를 물려받은 부잣집 자식들은 젊었을 때 떵떵거리고 살지만, 50세도 되기 전에 가산을 탕진하는 걸 수없이 봤다"고 한다. 물론 전문기술을 요하는 부서에서는 뛰어난 인재가 큰 도움이 된다. 하지만 일반 실무 부서에서는 지나치게 뛰어난 인재는 오히려 조직에 독이 된다. 로버트 서튼 스탠퍼드대학 교수는 유능한 점원을 해고하게 된 어느 점포에 관한 얘기를 예로 들었다. 이 점원은 매출 실적에서 가장 뛰어났지만, 동료들을 거만하게 대하거나, 동료의 고객을 가로채거나, 동료에게 비협조적으로 행동하기 일쑤였다. 강제배분평가제도가 낳은 폐해였다. 인센티브를 받으려면, 그리고 하위 10%에 속하지 않으려면 동료를 돕는 일은 꿈도 꿀 수 없는 일이다. 목숨을 부지하며 더 벌려면 동료를 구렁텅이로 몰아넣어야 했다. 그런데 이 스타급 판매사원을 해고하고 나서 경영진은 예상치 못한 놀라운 일을 겪게 된다. 점포의 총매출액이 30%나 증가한 것이다. 사실상 이 '판매왕'은 그동안 조직에 위화감을 조성해 전체 직원의 판매 실적을 저조하게 만드는 원흉이었던 셈이다. 미국 경영학의 귀재 피터 드러커는 "경쟁은 기업 밖에서 하는 것이다. 더욱이 기업 내에서의 경쟁은 절대 금물"이라고 했다. 그는 베버리지 경의 말까지 인용하며 "조직을 구성하는 이유는 평범한 사람들이 모여 비범한 일을 하도록 만들기 위해서"라고 충고했다.[41]

동료애는 행복을 부른다. 행복은 놀고먹을 때만 얻어지는 게 아니고 일할 때도 가능하다. 행복한 사람이 일도 잘한다.

이른바 '행복한 일꾼의 생산성 이론Happy Productive Worker Hypothesis'(이하 행복한 일꾼론)이다. 누군가 때리면 공포 때문에 일하겠지만, 서로 격려하면 즐거움 때문에 일한다. 행복한 일꾼론은 오랜 논쟁을 거쳐 온 이론이다. 일꾼이 행복하면 일도 잘한다는 말이다. 그러나 반대도 만만치 않다. 일을 잘하기 때문에 행복할 수도 있다. 인과의 선후가 무엇인가에 따라 처방은 확확 바뀐다. '일을 잘하면 행복하다'는 가설은 공포와 두려움에 떨면서 일해도 그 일에 성과가 나면 성공하고 성공하면 행복해지니 서열을 더더욱 강화해야 한다는 주장으로 이어질 것이다. 반면 행복해야 일을 더 잘한다면 행복해 질 수 있는 원인을 찾아 행복하게 만들어 일을 잘 하도록 하면 된다. 어떤 것이 맞을까. 두부 자르듯 선후관계를 자를 수 없다면 어떤 방향이 좀 더 맞는 방향일까.

지금까지의 연구결과 역시 양측이 팽팽하다. 긍정적인 감정이 여러 조건하에 생산성을 발전시키는 측면은 있지만 그 효과가 언제나 그렇게 나타나는 것은 아니다.[42] 긍정적 감정이 인지와 행동에 영향을 주는 것만큼이나, 부정적 감정 또한 특정 상황에서 유용할 수 있다. 부정적인 기분은 일의 전체적 의미보다는 디테일에 집중하게 만들어, 결과적으로 디테일한 분석이 요구되는 일에 있어서는 퍼포먼스를 향상시킨다.[43] 그럼에도 불구하고 행복–생산성의 관계를 실증하는 연구들이 더 많은 듯하다. 돌다리를 두들기듯 몇 가지의 예만 확인하자. 1) 부정적인 감정에 더 취약한 일꾼들이 논쟁적인 대인관계 수법을 쓰고, 따라서 동료들로부터 부정적인 반응을 유발하는 경향이 있다고 한다.[44] 2) 덜 행복한 일꾼들은 위협에 민감하며 동료들에 대해 방어적이고 더 회의적이다. 반대로, 행복한 일꾼들은 기회에 민감하고, 동료들에게 도움을 주며 자신감도 더 있다.[45] 3) 우울한 일꾼들은 에너지와 동기가 없어 성취도도 낮다. 긍정적인 감정은 여러 스킬과 사회적 유대감을 더 넓히는 작용을 한다.[46] 4) 긍정적인 상태의 개인들은 더 협조적이고 덜 공격적이다. 게다가 긍정적인 감정은 창의성과 문제해결능력을 향상시켜 복잡한 직무에서 더 나은 결과를 낸다.[47] 5) 행복한 사람은 자기 직업에 더 만족하고, 맡겨진 일을 더 자율적으로 수행하며, 신체적으로도 더 건강하고, 오래 살며, 더 많이 도전한다.[48] 그 외에도 행복이 생산성에 긍정적 영향을 미치는 연구는 많다. 이렇듯 긍정적인 감정은 새로운 스킬을 습득하고 많은 사회적 자원들을 만들어낸다. 한마디로 생산성의 기본은 조직 내 인력의 에너지로부터 출발한다. 높은 에너지는 개개 인력들이 갖는 행복의 합이다. 무력하고 낮은 에너지, 열정 없는 공장과 사무실, 일터에서 높은 생산성을 기대한다는 것 자체가 난센스다.

그러나 행복한 일꾼을 만드는 일이 그리 어려운 일은 아니다. 작업환경을 잘 만들면 행복도를 높일 수 있다. 일단 '높은 사람'들 스스로 자신의 입을 조심해야 한다. 서열이 높은 사람들이 그 권력에 심취하여 함부로 말을 나불대면 조직의 에너지는 미련 없이 아주 멀리 물 건너 가버린다. 조직은 한번 잘 한다고 영원히 잘하지 않는다. 조직은 기억력이 없다. 적어도 상사나 동료가 하지 말아야 할 것을 서튼교수는 〈No Asshole Rule〉이란 책에서 다음의 8가지로 정리했다. 1. 개인적인 모욕 2. 사적영역을 마구 침해하기 3. 언어적, 비언어적 위협과 협박 4. 악의적 농담 5. 이메일에 분노를 표현 6. 모욕감 주기 7. 더러운 인상 쓰기 8. 바로 옆에 있는 사람을 없는 사람처럼 대하기다. 상사의 이런 행동은 각자의 인생을 몰락시키고 각자의 행복을 몰락시키며 결국 그 조직을 몰락시킨다. 사실 앞의 예는 미국이고 우리의 경우는 몇 가지 더 있다. 예컨대 '예고 없이 당일 저녁회식 잡기' 등이 그것이다. 그러나 이는 미국 작업장에서는 상상할 수 없는 일이라 목록에는 들어가지 못한 듯하다. 물론 이런 말과 원칙이 전혀 통하지 않는 '무대뽀 상사'도 있다. 캐나다의 한 뇌 연구진에 의하면, 폭압적인 상사의 뇌는 대부분 눈 뒤쪽 안와전두피질이 손상되어 있다고 한다. 안와전두피질은 타인의 고통을 느끼고 공감을 느끼는 뇌의 부위로서, 여러 가지 변수를 놓고 합리적인 선택을 할 때에도 중요하게 작동하는 부위이다. 그런데 안와전두피질 손상은 마약중독자나 도박중독자들에서도 나타난다고 한다. 권력이 마약이나 도박처럼 중독 증세를 일으킨다는 뜻이다. 그래서 리더가 중독증에서 벗어나도록 하려면 그는 사회로부터 착취당해야 한다. 리더가 착취당한다는 것은 권력에 탐닉하기 보다는 타인의 고통을 느낀다는 것인데, 그렇게 된다면 안와전두피질이 손상될 이유가 없다.

타인의 고통을 공감하지 못하면 갈등도 내치기 어렵다. 덴마크인들의 직장 내 갈등 해결책의 원칙도 그런 면에서 비슷하다. "갈등은 봉합하려 하지 말고 해결될 때까지 얘기하라." 시간이 오래 걸리더라도 갈등은 해결될 때까지 작은 이야기들을 연달아서 하면 대부분 해결된다. 뭘 믿고 그렇게 생각하느냐고, 그러다 해결 안 되면 시간만 버리는 거 아니냐고, 관리자에게 이유를 물었더니 합당한 이유가 있었다. "모두 '성인'이기 때문에 대부분 해결됩니다." [49] 성인이란 스스로 생각할 줄 알고 합리적으로 생각할 줄 알고 남의 생각을 자기화 시킬 수 있기 때문에 얘기하다보면 서로의 생각을 알게 되고, 그러다보면 자연스럽게 타협점에 이르게 된다는 것이다. 시간에 쫓겨 봉합하면 언젠가는 터져버린다. 오히려 좋은 인재들이 짐 싸서 나가버리기 일쑤다. 그래서 직장에서 애송이 취급은 가장 조심해야 할 사안이다. 애송이childlike로 취급받는 순간, 합리적인 대화를 통해 합의에 이를 수 있다는 능력을 모두 거세하기 때문이다. 심리학자 바스티안Bastian은 부하나 직원을 애송이로 취급하는 문화는 직원 간 대화를 경시하고 갈등을 봉합하게 만들어 '무기력'이나 '분노'를 키운다고 주장한다.[50] 감정 에너지의 채널이 막혀버리면 우리 감정은 작동하지 않거나 폭발하거나 둘 중 하나인 것이다.

다빈치는 〈최후의 만찬〉에서 예수를 중심으로 모두가 중앙의 예수를 바라보는 그림이 아닌, 각자 자기 일과 자기 관심에 몰두한 사람들로 그렸다. 최후의 만찬은 많은 화가들에 의해 다양하게 그려졌지만, 다빈치 최후의 만찬은 개별 개인들이 주체로 서는 근대의 자유를 상징했다. 이 그림에는 단 한사람의 조연도 존재하지 않는다. 그림을 보라. 12제자들 모두가 예수에 아무 관심이 없지 않은가. 배반자 유다를 제외하더라도 말이다. 모두들 예수그리스도 옆에서 '군기'를 방임하고 있다.

렘브란트의 〈야경〉도 그렇다. 원래 이름은 〈프란스 반닝 코트 대위의 중대〉로 1637년 프랑스 여왕 마리 드 메디시스가 암스테르담을 방문할 때 시민경비대가 동원되어 성대한 환영행사를 치른 뒤에 이 그림을 그렸다고 한다. 경비대장 반닝 코크 대위와 나머지 대원들이 렘브란트에게 그려 달라고 부탁한 것이다. 모든 민병대원들은 저마다의 개성을 잘 드러내고 있으며, 어두침침한 그림의 배경은 근대의 '여명'을 알리는 것처럼 장중하다. 그런데 돈을 똑같이 추렴하고서 그림을 그려 달라 했는데, 암스테르담의 중상류층들인 이들 민병대원들은 렘브란트의 〈야경〉을 보고 매우 화를 냈다고 한다. 왜냐하면 그림 속에서 코트 대위와 어린 여자 말고는 자신들의 모습이 어두침침한 배경 속에 갇혀 잘 보이지 않았기 때문이다. 이상하지 않은가. 민병대의 우두머리 중대장 코트 대위가 좀 밝게 나온 그런 것을 같고 '화'를 냈다니 말이다.

〈야경〉 그림하면 떠오르는 비슷한 형태의 그림이 있다. 우리나라 결혼식이다. 결혼식이 끝나고 일가친척, 친구들 사진 찍는 시간이면 서로들 여기 설까 저기 설까 앞뒤로 양옆으로 우왕좌왕하느라 시간이 좀 걸린다. 이때 가장 빨리 서는 집단이 있다고 사진사들은 말한다. 대기업 임원

결혼식이다. 그렇게 빨리 자리가 잡히는 경우는 정말 보기 어렵다고 한다. 알아서들 착착 서 주고, 사진사는 말이 필요 없다. 우리는 그렇게 수백 년을 살아왔다. 지금 살고 있는 동시대인들 그 누구도 탓할 수 없다. 그리고 지금까지는 그 덕을 많이 봐 오지 않았는가. 지식과 경험이 풍부한 사람들이 연장자들이었고, 상사들이었고, 스승이었다. 그러나 시대가 변하니 상사와 연장자가 이거 해 달라 저거 해 달라 능력이 부친다. IT혁명으로 세상의 지식수준은 혁명적으로 협동적으로 변해가고 있으니 윗사람의 존재감이 부담스러워진 시대가 온 것이다. 세상은 그렇게 변했고 그런 세상에 살고 있는 이상 자유롭지 못하다. 수백 년 지속되어 온 장유유서의 서열에서 우리가 자유롭지 못했듯이, 이제 우리가 사는 이 시대는 공감과 협력으로부터 자유롭지 못하다.[51] 최근 10년 사이에 가장 급성장한 글로벌 기업들, 대표적으로 애플, 구글, 페이스북, 샤오미, 텐센트 등이 모두 이용자의 대규모 협력을 기반으로 성장하지 않았는가.

혁신론의 거장 크리스텐슨은 위생요인이 너무 과해지면,

즉 사람들에게 너무 높은 금전적 보상을 주면 위생요인에 불과한 금전적 요인이 동기요인을 압도한다고 보았다. 위생요인은 불행을 막아줄 정도이지 행복을 보장해줄 수는 없기 때문이다. 크리스텐슨은 자신의 경험을 말한다.[52] 하버드경영대학원 제자들이 처음에 잘 나가다가도 오랜 세월 지켜보니 사생활, 공공생활에서 모두 무너졌고 그것은 금전보상 때문이었다고 한다. 모든 생활과 소비수준을 거기에다 맞추다 보니 원래 하고 싶었던 일이나 뜻있는 일은 모두 볼품없어져 버렸다. 회사단합 워크숍에 와서 즐겁게 동료들과 대화를 나누려고 하는데, 샤워에만 1시간을 써버리는 동료가 있다. 그런 사람이 꼭 있다. 답답할 노릇이다. 샤워는 몸 냄새를 없앨 정도면 된다. 몸을 완벽하게 깨끗하게 하는 것이 다른 사람과의 좋은 관계를 자동으로 만들어주지 않기 때문이다. 그러나 몸 씻기를 너무 완벽하게 하려다보면 더 중요한 시간과 일을 놓쳐버린다. 돈이 그런 것이다. 금전적 보상에 너무 빠져버리면 가족도, 친구도, 동료도 잘 보이지 않는다. 금전적 보상을 위한 일은 시간을 투자할수록 더 벌리는 것이 사실이다. 그러나 그러다 보면 관계는 소실된다. 낳았으니 내 자식이란 생각과 비슷하다. 그건 환상이다. 입양해도 내가 기르면 내 자식이고 내가 낳았어도 내가 기르지 않았다면 내 자식이 아니다. 그리고 내가 길러도 내 소유의 자식은 아니다. 인간 관계는 돈처럼 양도 가능한 것이 아니라 양도 불가능하다. 골프 친구는 돈으로 살 수 있지만, 친한 친구는 돈으로 살 수 없다. 몸을 깨끗이 씻으면 몸이 더 깨끗해진다. 몸에 나쁜 균도 그만큼 사라진다. 그러나 그 시간 동안 나는 사람들을 만나지 못한다. 시간은 한정된 자원이므로 시간을 적절히 배분하여야 인생을 현명하게 보낼 수 있다.

그러나 '목욕'의 사적영역은 일상의 공적영역으로 들어와 공적영역을 무력화시켰다. 친구도, 여가도, 가족도, 결혼도, 육아도, 정치도, 학교도 그리고 사랑도 모두 사적영역에 봉사하는 영역이 되었다. 이칠일시스템으로 사적영역은 공적영역을 어느 순간엔가 완벽히 지배했다. 그것으로 끝났으면 사실 공적 영역이 그런 사적 영역에 저항하며 결함을 보완할 수 있었다. 그러나 그런 일은 일어나지 않았다. 학교는 최대한 많은 사람이 고르게 기회를 갖고 자신의 기술과 지식을 연마하며 자유롭게 네트워크를 해야 하는 공적영역임에도 사적영역에 힘없이 무너졌다. 사회를 선도하는 대학마저 명품과 신성의 서열주의에 몰두하여 대한민국의 우수한 학교를 극소수로 만들고 말았다. 인적자원 말고는 딱히 내세울 것이 없는 대한민국이라는 나라에는 우수한 학교가 많을수록 좋은 나라이며 경쟁력이 있는 나라이지 않은가. 그러나 우수한 대학, 학교를 만들려는 좋은 정책은 대다수의 '나쁜 대학', '나쁜 학교'를 배출하는 나쁜 결과를 낳았다. 정책의 목표는 허울뿐이고 그 혜택은 극소수의 '최고명문대학'을 가리고 집중 지원하는 것으로 끝나기 때문이다. 선택과 집중이라는 좋은 모토 아래서 의도하지 않은 결과unintended consequence가 일어나고 있다. 선택은 불공정하며, 집중은 독점을 낳고 만다. 이것은 우리에게 '새는 물통leaky bucket'의 문제를 넘어, 어떤 고질적인 '문화적 함정cultural pitfall'이 존재하고 있다는 것을 말해주고 있다. 조선의 유성룡이 아무리 좋은 정책을 내어도 당파라는 조선의 문화가 그 시대의 함정이 되어 좋은 정책을 무력화시켰던 것처럼 말이다. 그런 모든 것을 빨아들여 가둬버리는 '문화적 함정'이 지금은 어떤 것일까?

정부에서 노령기초연금을 모든 어르신들께 20만원씩 드렸다. 그런데 어르신들의 술 소비와 노인픽치기 야바위꾼들만 왕창 늘어났다. 어르신의 기초생계를 위한 일들이었는데 노인들의 삶이 개선되는 것만큼이나 집안에 분란이 생겼다. 약장수 야바위꾼에 놀아난 할아버지 할머니들이 시키는 대로 약을 사다가 가족불화를 부른 것이다. 전 국민 의료보험으로 의료시스템이 선진화되는 듯하였으나, 결과를 보니 국민들의 건강수명은 그대로이고, 아픈 사람들만 왕창 늘어나고 말았다. 좋은 한국의 의료보험 정책이 더 많은 국민을 환자로 만들고, 의료집단의 특권만 늘렸다. 약사직업의 수입이 안정되고 약대의 영향력이 커지자 소위 명문사립대가 약대를 신설했다. 신설하자마자 상위 0.1%의 인재를 독식하는 최고의 약대가 되었다. 생긴지 일 년 만에 한국 최고의 약사를 배출하는 약대가 가능한 것이 한국이다. 우리에게 서열은 악성서열이 되었다. 서열은 어쩔 수 없는 포유류 인간의 본능이며 모든 역사에 내재해 있다 하더라도, 근대의 인간은 그런 침팬지적 서열을 깨고 다양하고 많은 서열을 만들 수 있는 능력을 터득했다. 하나의 서열이 아닌, 수십 개 수백 개의 서열을 만들 수 있는 것이 인간이다. 특히 근대에 들어 생산성의 핵심이자 조직 원리의 근간인 분업의 시대에 말이다. 내가 새로운 분야를 만들어 깃발을 꽂으면 그 서열 맨 앞에 설 수도 있다. 뒤에 아무도 따라오지 않더라도 세우다 보면 새로운 줄이 만들어질 수 있다. 그러나 지금 우리의 현실은 기존에 있던 여러 줄들도 그 줄의 상위 1%끼리 카르텔을 형성하여 모든 권력을 집중시키는 씨줄을 만들고 있다. 우리의 문화적 함정은 그런 것이다. 악성서열주의[53]가 바로 우리의 문화적 함정이며, 우리는 악성서열에 감염되어 서열 중독에 빠졌다. 이제 모든 에너지는 서열에서 앞자리에 앉는 것이며, 그 목적을 달성하자마자 번아웃되어 모든 에너지가 소진되고 만다. 좋은 일자리를 너무나 어렵게 얻었기 때문에 기회비용에 대한 보상심리가 작용하여 최대한 무탈한 안정 기조를 유지하는 것이다. 경제에 기여해야 할 똑똑한 머리들이 발전에 부메랑으로 작용하는 '인재의 역설talent paradox'이다.

어느 사회에나 엘리트그룹들은 있다. 열심히 새로운 지식을 습득하고 확산시켜가는 그룹이다. 엘리트그룹이 사회를 이끌어 가는 것이 맞다. 모방은 위에서 아래로 흐른다.

그러나 반대로 엘리트들이 사회변혁의 에너지를 방치하고 서열과 기득권 사수로 돌입하면 그 벽을 깨기는 그만큼 어렵다. '머리 좋은' 엘리트들이기 때문이다. 그러나 악성서열 사회라는 문화적 함정을 메우는 일도 결국엔 엘리트집단의 역할에 기대어야 한다. 베버에서 보듯, 프로테스탄티즘은 루터의 독일과 칼뱅의 오스트리아에서 시작되었지만 영국과 프랑스와 네덜란드에서 자본주의가 먼저 꽃피었다. 영국과 프랑스와 네덜란드의 개혁지향적 '엘리트 교도'집단이 이단이었던 프로테스탄티즘을 받아들이고 확산시켰기 때문이다. 프로테스탄티즘을 앞으로 지향해야 할 미래라고 본 것이다. 결국 그들은 그 시대의 중심축이었던 사제서열주의라는 '문화적 함정'에 빠지지 않고 만인사제설을 창발시켜 근대 자본주의 발전의 승기를 잡았다. 그렇다면 우리의 경우는 아직도 만인사제설과 같은 '완전한 근대'에 이르지 못했다는 말이다. 서열이 함정이 되어 근대를 가두고 있는 형국이다. 21세기 격화된 국제경쟁의 시대에, 첨단기술의 시대에, 모든 사람들의 창의성을 요구하는 이 시대에 말이다.

그러나 우리의 미래는 그렇게 암울하지만은 않다. 사람이 익사하는 것은 강에 빠졌기 때문이 아니라 강에서 빠져나오지 못했기 때문이기도 하다. 서열에서 이탈된 사람들이 문제아가 되기도 하지만, 때때로 새롭고 다양한 수평적 네트워크를 만들어 악성서열에 대항하며 우리 사회의 문화적 함정을 메우고 있다. 디지털장인들이 그들이고, 젊은 창업자들이 그들이고, 제작자들이 그들이다. 작고 강한 창작 집단이다.

뛰어난 창업자에게서 공통적으로 발견되는 성격이나 자질이 있다. 훌륭한 예술가가 될 수 있는 자질이다. 뛰어난 화가나 음악가가 될 자질이 있는 사람은 창업가가 될 수 있다. 그들은 남들이 보지 못하는 걸 보기 때문이다. "음악에서 작곡가와 연주자가 있다고 친다면 창업자는 작곡가에 가깝다. 무에서 유를 만들고, 새로운 걸 시도할 줄 아는 사람이다. 눈에 보이지 않는 아이디어가 창조됐을 때 어떨지 내다볼 수 있는 능력이 있기 때문이다. 어릴 때 예술 감상하는 법을 가르치는 게 유익하다고 하지만 그걸로 커리어를 개발하고 돈을 벌 수 있다고는 잘 생각하지 않는데 그렇지 않다. 벌 수 있다. 보이지 않는 것을 보는 이런 자질은 작은 가게로부터 큰 기업까지 혁신하는 데 필요하다. 애플 아이폰이 나왔을 때 노키아 임원이 '그래서 이게 마켓 쉐어가 얼마나 되는데'라며 콧방귀 뀌었다는 일화가 있다. 몇 십억 달러 매출을 내는 대기업 CEO들 눈에는 훌륭한 아이디어들도 장난 같이 보일 수 있다. 그런데 그게 혁신이 시작되는 단초다." [54]

예술가를 천대하는 사회에서는 예술가적 자질도 천대받는다. 예술가들은 일단 저지르고 본다. 그리고 새롭고 낯선 일이라면 일단 무조건 한다. 일단 저지르고 보는 사람들, 그것도 낯선 것을 저지르는 사람들을 쉽게 거부하는 곳은 어떻게 될까. 뭔가 다들 열심히 해도 에너지가 없는, 신바람과 열정은 사라지고 살아남겠다는, 서열 꼭대기에 서겠다는 오기만 남은 사회다.

이 대목에서 마이크 로위Mike Rowe의 말이 의미심장하다. 그는 디스커버리 채널에서 더티잡스dirty jobs라는 프로를 진행했던 사람이다. 사전 기획 없이 수백 개의 기피직업, 육체노동을 실제로 하고 유명인사가 된 그는 이렇게 이야기

한다. "양의 고환을 잘라내는 사람, 굴뚝을 청소하는 사람, 하수관을 점검하는 사람, 내가 그 많은 '막장일'들을 체험하면서 깨달은 것이 하나 있다. 그 일을 바라보는 대부분의 사람들이 편견을 가지고 있다는 것이다. 그들은 자기 일을 하면서 행복해 했다. 정말 행복해 했다. 그건 나도 상상 못한 것이었다. 그들은 우리가 생각하는 것보다 일에서 훨씬 더 많은 행복을 느끼고 있었다." 실업은 단지 봉급을 받지 못하는 일자리만의 문제가 아니다. 한 인간이 일을 통해 자존감을 느끼고 그것에서 행복을 얻는 소중하고도 필수적인 도구이다. 젊을 때 그런 경험을 얻지 못한다면 인간의 생애가 어찌 온전할 수 있겠는가.

작년 장인정신의 기원을 연구하기 위해 오사카에 들렀을 때의 일이다. 오사카는 한국과 가까워서인지 한국문화가 풍부하다. 문화재를 복원하는 오사카의 장인들은 자신들이 백제의 후손임을 자랑했고 또 자랑스러워했다. 한국의 '김치왕자'도 일본에 온 지 10년이 되었다. 그리 큰 가게는 아니지만 괜찮은 오사카 한식당에 요리사로 일하고 있었다. 김치왕자는 토마토김치, 키위김치, 배김치 등 새로운 김치스타일을 만들어 오사카에서 꽤 인기 있었다. 물론 오사카를 흔들 정도의 큰 인기 같은 건 아니고 고급한식 레스토랑에서 선전용으로 할 만한 정도의 실력이다. 거리에 놓인 김치왕자의 요리법과 신메뉴 포스터를 보고 들어와선 김치를 먹어보고 맛있다고들 한다. 여기까진 어느 나라나 비슷하다. 그런데 김치의 맛을 본 후에 나오는 오사카 사람들의 반응이 사뭇 다르다.

"김치왕자는 어디 있나요?"

점원이 그 이야기를 듣고 주방에 있는 김치왕자에게로 간다.

"저쪽 손님들이 찾으시는데요?"

바쁘지 않으면 그 테이블로 간다.

"이 김치 너무 맛있어요. 이 김치를 먹다보니 예전 한국에서 먹던 김치와는 다르던데요? 너무 멋진 요리입니다. 참 고맙습니다."

그리고 김치왕자는 자신의 요리법에 대해 설명한다. 그럴 때 또 잠잠히 열심히 귀 기울여 듣는다. 잠깐의 대화지만, 리액션과 칭찬의 담소들, 그리고 배움의 순간들이 식당에 퍼진다. 김치왕자도 연신 고맙다고 고개 숙이며 즐거워한다. 좋은 일을 한 사람이다. 이렇게 좋은 기술을 가진 사람은 좋은 일을 한 사람이며, 좋은 일을 한 사람은 마땅히 칭찬받아야 한다. 그래서 그들은 거리낌 없이 주방의 김치 왕자를 부른다. 그렇게 좋은 사람은 칭찬해줘야 하고, 칭찬은 면전에서 해줘야 제대로 하는 것이다. 칭찬을 멀리서 들릴 듯 말듯 한다는 것은 칭찬에 질투가 묻어날 때이다. 질투할 일은 없다. 좋은 일이기 때문이다. 좋은 기술은 남을 돕는 것과 같다. 나의 미각, 나의 행복에 그의 요리가 큰 기여를 하였다면 그가 나를 돕지 않았는가. 내가 돈을 지불한 것으로 끝나지 않는다. 돈은 '기술'을 대체하지만 '좋은 기술'을 대체하기는 어렵다. 아무리 많은 돈을 주어도 나에게 딱 맞는 맛있는 요리가 나오길 기대하긴 어렵다. 확률이 조금 높아질 뿐이다. 돈보다 더 중요한 것이 칭찬이다. 칭찬은 돈 없는 사람도 할 수 있다. 칭찬은 고래도 춤추게 한다는데, 나의 칭찬에 그 요리사의 요리솜씨는 더 나아지고 더 나아진 요리는 나의 미각을 더욱 즐겁게 할 것이다. 돈 있는 사람은 보상을 주지만, 입 있는 사람은 칭찬을 준다. 어떤 사람에게도 건넬 수 있다. 그것이 '작은 장인들'이 거인으로 우뚝 서게 하는 힘이다. 그렇게 노고와 칭찬의 호혜성 원리가 장인정신에 깔려 있었다. 그것은 스위스든, 일본이든, 독일이든, 한국이든 어느 나라나 똑같다. 호혜성의 원리가 잘 작동하면 일도, 회사도, 공동체도 튼튼하게 작동한다.

지금까지의 글을 줄여 요약하면 이렇다. 우리 사회 서열주의는 '자유의 시장'을 왜곡하고 있고, '협력의 공동체'를 해체하며, 결과적으로 국가경쟁력을 해치고 있다. 그런데도 서열시스템은 소수자의 특권을 정당화하며 중하위자와의 격차를 더욱 벌리고 있다. 독립적인 개인들끼리 협력이 가능한 사회를 만들려면 우리 사회에서 가장 먼저 혁파되어야 할 것은 서열주의, 그것도 악성이 되어버린 서열주의이다.

나부터 서열중독에서 벗어나려면 심장이 되어야 한다. 심장은 하루 종일 힘들게 뛰는 것 같지만 잘 보면 쉼이 있다. 심장은 심장이 뛰는 그 사이 사이에 쉰다. 늘 무리하지 않고 뜀과 쉼을 반복하니 일생을 뛸 수 있다. 그리고 심장은 사실 장기들의 우두머리가 아니다. 오히려 심장은 우두머리가 되려고 하기보다는 다른 장기들이 자기 몫을 하도록 도와주는 역할을 한다. 심장의 고유역할은 순환시키는 일이다. 다른 모든 장기들이 자기 역할을 하도록 먼저 도와주는, 사실상 종자의 역할이다. 심장은 종자로서 리더가 된다.

환대와 봉사로서 리더가 되라! 심장이 우리에게 던지는 가슴 뛰는 메시지다.

—

미주

—

1) 잭 웰치, 〈위대한 승리〉를 참조할 것. 구본형의 해설에서 그 내용을 재인용.

2) Vitality curve. Wikipedia 참조 및 LG경제연구원. 기업의 평가제도. 2013. 참조.

3) 토머스 홉스 지음. 진석용 역. 리바이어던 1. '제13장 인간의 자연상태. 그 복됨과 비참함에 대하여'. 나남. 2008. 168쪽.

4) 나종연 외. "한국의 명품 모조품 소비." 소비자학연구. 2010.

5) 가브리엘 타르드 지음. 이상률 역. 모방의 법칙. 문예출판사. 2012. 287쪽.

6) Andres, Antonio Rodriguez. "Income inequality, unemployment, and suicide: a panel data analysis of 15 European countries." Applied Economics 37.4 (2005): 439-451. Neumayer, Eric. "Socioeconomic factors and suicide rates at large-unit aggregate levels: a comment." Urban Studies 40.13 (2003): 2769-2776.

7) 클라센과 던은 미국과 유럽의 패널데이터를 이용하여 1981년부터 2005년간의 자살과 출산과의 관계를 연구하였다. Classen, T. J., and Richard Alexander Dunn. "Suicide, social integration and fertility rates." Applied Economics Letters 18.11 (2011): 1011-1014.

8) Swendsen JD, Mazure JD, Life stress as a risk factor for postpartum depression: Current research and methodological issues, Clin Psychol Sci Pract 7, (2000):17-31.

9) E Yamamura, The different impacts of socio-economic factors on suicide between males and females, Applied Economics Letters 17 (10), (2010):1009-1012

10) Fernquist, Robert M., and Phillips Cutright. "Societal integration and age-standardized suicide rates in 21 developed countries, 1955-1989." Social Science Research 27.2 (1998): 109-127.

11) 김승권 외. 인구전환기의 한국사회 가치관 및 가족변화와 대응방안. 한국보건사회연구원. 2005.

12) 우혜경, 조영태. "빈곤의 동태와 자살생각." 보건과 사회과학 34 (2013): 5-35.

13) Michener, H. A., and J. D. DeLamater. "Social psychology (Vol. 4)." (1999). 이미숙. "가족동반자살에 대한 사회심리학적 탐색 연구." 보건과 사회과학 20 (2007): 153-175.

14) 손현균, 김이영, 안동현. "한국의 동반자살: 신문보도를 통해 본 동반자살의 분석." (1997): 181-193.

15) OECD 한국경제보고서. 2014. 6. www.oecd.org/eco/surveys/Korean-Overview.pdf 참조. 김윤태 교수도 한국인의 저출산은 '초합리성hyper-rationality'에서 기인한다고 보았다. 한국인은 부모가 자녀를 출산하려 할 때 자녀가 성인이 될 때까지 얼마나 많은 돈이 드는지를

말한다. 그렇게 돈을 중시하는 미국 사람들도 그런 계산은 하지 않는다는 것이다. 실제로 한 언론은 1인당 평생교육비가 약 2억 6천만 원이 든다는 분석 기사를 게재하기도 했다. 이것은 양육, 교육, 주거를 철저히 가족이 책임지는 한국 사회가 만든 결과이다. 국가의 도움이 적은 가운데 자녀를 키워야 하는 한국 부모는 양육비와 교육비를 소수 자녀에게 집중하여 '경쟁력'을 높이기 위해 출산을 줄일 수밖에 없다. 결과적으로 자녀를 너무 사랑하기 때문에 자녀를 낳을 수 없는, '가족주의의 역설'이 발생한다. 김윤태. 사회적 인간의 몰락. 이학사. 2015. 260쪽.

16) De Waal, Frans BM. "Food sharing and reciprocal obligations among chimpanzees." Journal of Human Evolution 18.5 (1989): 433-459.

17) 수놈끼리의 성적 경쟁에서 성공하기 위해 수놈은 높은 서열을 차지하지 않으면 안 된다. 그러므로 계층 서열은, 성행위에 대한 지배권이 결정되는 구조로도 볼 수 있다. 이 이론에 따르면 '권력 의지'는 새끼를 가질 기회를 증가시키며, 그 때문에 그러한 특징을 가진 새끼들이 태어날 확률은 더욱 높아지는 것이다. De Waal, Frans, and Frans BM Waal. Chimpanzee politics: Power and sex among apes. JHU Press. 2007. 215쪽

18) ibid. 82쪽.

19) 프란스 드 발 지음. 오준호 역. 착한 인류 : 도덕은 진화의 산물인가. 미지북스. 2014. 119쪽.

20) ibid. 335쪽.

21) ibid. 73쪽.

22) 이태주. "피지의 양고나 마시기 일상의례와 정치과정." 한국문화인류학 35. 한국문화인류학회. 2002.

23) Sahlins, Marshall David. Stone age economics. Transaction Publishers. 1972.

24) 레비스트로스 지음. 박옥줄 역. 슬픈 열대. 한길사. 1998. 김태경의 발췌를 참조.
http://www.hani.co.kr/arti/PRINT/485698.html

25) 피에르 클라스트르 지음. 변지현 · 이종영 역. 폭력의 고고학. 울력출판사. 2002.

26) 어빙 고프먼 지음. 진수미 역. 상호작용 의례 : 대면행동에 관한 에세이. 아카넷. 2013. 71쪽.

27) 조용호. 다시 보는 돈키호테. 세계일보 2014.

28) 김명훈. 미국내 각 인종의 순위는?
http://www.gohackers.com/?m=bbs&bid=godiary&uid=4883

29) 파울로 코엘료 지음. 이상해 역. 베로니카 죽기로 결심하다. 문학동네. 2003. 128쪽

30) 시오노 나나미 지음. 정도영 옮김. 바다의 도시 이야기 상. 한길사. 1995. 71-77., 현재열, 김나영. "바다위에 도시를 건설하다 : 12,13세기 해상도시 베네치아의 성립". 코기토 제68호. 2010. 275-310

31) 곽차섭. 아레티노 읽기 : 16세기 한 이탈리아 논객의 삶. 길. 2013.

32) 한성철. 1200년 공화국의 영광 베네치아 : 통사적인 접근. 이어이문학. 2000. 206쪽.

33) 시오노 나나미 지음. 정도영 역. 바다의 도시 이야기 상. 한길사. 1995. 313-317. 325-327.

34) ibid. 285쪽.

35) ibid. 229-232쪽.

36) ibid. 260-262쪽.

37) 송복. 류성룡, 나라를 다시 만들 때가 되었나이다. 2014. 시루.

38) 유성룡. 징비록. 서해문집. 197-198쪽.

39) Blank, Steve. "The Secret History of Silicon Valley." Lecture, Google TechTalks. Decem 2007.

40) 한겨레신문. 2015. 1.28 참조.

41) 마르크 무슬리. 한겨레신문. 2011. 2.28 참조.

42) Staw, Barry M. "Organizational psychology and the pursuit of the happy/productive worker." California Management Review 28.4 (1986): 40-53.

43) Zelenski, John M., Steven A. Murphy, and David A. Jenkins. "The happy-productive worker thesis revisited." Journal of Happiness Studies 9.4 (2008): 521-537.

44) Schilling, Niall Bolger Elizabeth A. "Personality and the Problems of Everyday Life: The Role of Neuroticlsm in Exposure and Reactivity to Daily Stressors." Journal of personality 59.3 (1991).

45) Cropanzano, Russell, and Thomas A. Wright. "When a" happy" worker is really a" productive" worker: A review and further refinement of the happy-productive worker thesis." Consulting Psychology Journal: Practice and Research 53.3 (2001): 182.

46) Fredrickson, Barbara L. "The role of positive emotions in positive psychology: The broaden-and-build theory of positive emotions." American psychologist 56.3 (2001): 218.

47) Estrada, Carlos A., Alice M. Isen, and Mark J. Young. "Positive affect facilitates

integration of information and decreases anchoring in reasoning among physicians."
Organizational behavior and human decision processes 72.1 (1997): 117-135.

48) Lyubomirsky, Sonja, Laura King, and Ed Diener. "The benefits of frequent positive affect: does happiness lead to success?." Psychological bulletin 131.6 (2005): 803.

49) EU의 직장내 괴롭힘. 국제노동브리핑. 2014.

50) Bastian, Brock, and Nick Haslam. "Experiencing dehumanization: Cognitive and emotional effects of everyday dehumanization." Basic and Applied Social Psychology 33.4 (2011): 295-303.

51) 박형준은 한국사회의 현 문제를 돌파할 개념으로 '공진국가' 개념을 내놓았다. '공진'은 시대의 급변에 처한 한국이 지속적인 번영을 달성하기 위해서는 각 진영이 자신의 대들보를 내려놓고 협력적 경쟁을 통해 진화를 촉진해야 한다는 사회모델로서, 이를 위해 현 치어리더형에서 코치형으로 사회시스템을 다시 짜야 한다는 제언을 담고 있다. 박형준. 한국사회, 무엇을 어떻게 바꿀 것인가. 2014 참조.

52) 크리스텐슨, 제임스 올워스, 캐런 딜론 지음. 이진원 역. 당신의 인생을 어떻게 평가할 것인가. 알에이치코리아. 2012.

53) '악성서열주의'는 2014년 네이버 강의 〈문화의 안과 밖〉에서 고려대 사회학과 김문조교수가 만든 개념이다. 그는 한국인의 행복을 논하는 특강에서 한국사회에는 서열이 악성화되었으며, 그것이 한국인의 행복을 질식시키는 중요한 요인임을 지적하였다.

54) 실리콘밸리의 대부 스티븐 블랭크, 조선닷컴 이위재 정리를 참조.